Leo N. Tolstoi

Religions- und gesellschaftskritische Schriften

Band 5

Neu herausgegeben und durchgesehen
von Paul H. Dörr

Leo N. Tolstoi

DAS LEBEN

Diederichs

Aus dem Russischen von Raphael Löwenfeld

Dieser Band erschien erstmals als Band 5
der Sämtlichen Werke, I. Serie, Sozial-ethische
Schriften, Leipzig 1902.

Die Deutschen Bibliothek - CIP-Einheitsaufnahme

Tolstoj, Lev N.:
Das Leben / Leo N. Tolstoi
Aus d. Russ. von Raphael Löwenfeld
- Durchges. Neuausg. / mit Anmerkungen
und einem Nachwortvon Paul H. Dörr.
- München : Diederichs, 1992
(Religions- und gesellschaftskritische Schriften / Leo N. Tolstoi.
[Aus dem Russ. von Raphael Löwenfeld] ; Bd. 5)
ISBN 3-424-01055-3
NE: Löwenfeld, Raphael [Übers.]

Durchges. Neuausg.
Bd. 5. Tolstoj, Lev N.: Das Leben. - Durchges. Neuausg. /
mit Anm. und einem Nachw. von Paul H. Dörr. - 1992

Umschlaggestaltung: Zembsch' Werkstatt, München
Gesamtherstellung:
Florentiner Verlagsgesellschaft, Aschaffenburg

ISBN 3-424-01055-3
Printed in Germany

INHALT

Einführung von Raphael Löwenfeld 7

Einleitung 17

Das Leben 38

Anhang 263

Nachwort 273

EINFÜHRUNG

„Ich bin seit 1877 ein ganz neuer Mensch geworden. Ich zähle nur diese Zeit. Was vorher liegt, ist Eitelkeit und Selbstsucht". So sagte mir einmal (1890) Leo Tolstoi (siehe »Gespräche über und mit Tolstoi«, Seite 84). Er sagte es ohne alle Erregung, ohne Zögern, ohne Rührung, wie jemand, dem eine bestimmte Auffassung seines ganzen Lebens und seines reichen Wirkens zu unumstößlicher Gewißheit geworden ist. So spricht nur ein Mann, der die Überzeugung hat, daß der Widerspruch seines Lebens gelöst ist, gelöst in dem Sinne, daß die neue Weltanschauung, die er sich in schwerem seelischen Kampf errungen hat, die zweifellose Widerlegung, die vollkommene Verurteilung seiner Vergangenheit ist.

Es ist nicht schwer, aus den Tatsachen und Stimmungen, die uns aus Tolstois Leben bekannt sind, die Richtigkeit seiner Worte festzustellen und die Phasen seiner inneren Umbildung zu verfolgen. Sie ist, wie natürlich, das langsam fortschreitende Werk eines ganzen Lebens, vieler Jahrzehnte. In hellem Lichte sichtbar und deutlich erkennbar aber wird die eigentümliche seelische Metamorphose, die Tolstoi den Dichter, zum Forscher, Sucher und Denker gemacht hat, ganz besonders in dem Jahrzehnt von 1877-1887.

Die großen poetischen Meisterwerke »Krieg und Frieden« und »Anna Karenina« waren vollendet. Der historische Roman war in den Jahren 1864-1869 entstanden auf Grund emsiger weitausgedehnter geschichtlicher Studien. Die Darstellung des Freimaurerwesens, die Leo Tolstoi notwendig erschien, um die innere Wandlung seines Pierre zu veranschaulichen, hatte ihn tief in die geistigen Strömungen um die Wende des 18. und 19. Jahrhunderts hineingeführt. Die uralten Probleme der Menschheit hatten ihn mächtig aufgeregt. Noch ehe die erste Hand an »Anna Karenina« gelegt war, und mitten in die Arbeit an dieser Dichtung hinein kam, störend und bereichernd zugleich, der starke Antrieb zum Studium der großen Philosophen.

Die innere Unruhe war so mächtig, daß sie dem Dichter die Freude am eigenen poetischen Schaffen nahm. „Zwei Monate lang sind meine Hände von Tinte rein geblieben und mein Herz von Gedanken" – schreibt er an den treuen Freund Fjet am 26. August 1875 – „jetzt aber will ich an die langweilige, abgeschmackte »Anna Karenina« gehen, und ich habe nur den einzigen Wunsch, sobald als möglich Raum und Muße für andere Dinge zu gewinnen, aber bei Leibe nicht für pädagogische, die habe ich zwar gern, möchte sie aber doch aufgeben. Sie rauben mir soviel Zeit". Mit diesen Worten kann nichts anderes gemeint sein, als die Sehnsucht nach dem Studium der gewichtigen Fragen, die den Geist der Helden der beiden großen Erzählungen beschäftigen und in ihnen die Umwandlung hervorrufen, die sich in der Seele ihres Schöpfers unter Stürmen und Drängen vorbereitete.

Fünfundzwanzig Jahre hatte Tolstoi als Dichter geschaffen. Der Gedanke, der ihn bewegte, ward zum Leben zeugenden Keim einer menschlichen Persönlichkeit. Die Gestalten seiner Dichtungen sind Träger von Ideen. Empfindungen, Beobachtungen, Schlüsse, Anschauungen – alles setzt sich ihm in Gestalten um. Kein zeitgenössischer Dichter gleicht ihm in der Fähigkeit der Menschenschilderung, in der treuesten Wiedergabe subtilster, wechselnder, ringender Gefühle. Was in ihm vom Denker lag, war aufgegangen in dem bildenden Künstler. Die beiden große Werke seiner glücklichsten Schaffensperiode vereinigen in einem gewissen Sinne die Eigenschaften des Dichters und Denkers.

Immer mehr aber und mehr erwacht in ihm das Bedürfnis reiner, körperloser Betrachtung des Menschheitsproblems. Mit sorgfältiger Vorbereitung geht er vom dichterischen Schaffen über zu philosophischem Forschen. Schopenhauer ist jetzt vor allen anderen sein Lehrer. Er hatte Plato und Kant studiert und in sich aufgenommen, Schopenhauer aber erfüllt ihn mit Begeisterung und Entzücken. „Wissen Sie, was dieser Sommer für mich bedeutet?" – schreibt er an den (schon oben genannten) Freund Fjet am 30. August 1869, und dies Datum weist deutlich auf den Zusammenhang der Dinge hin – „Ein ununterbrochenes Entzücken über Schopenhauer und eine Reihe geistiger Genüsse, wie ich sie nie gekannt habe. Ich habe mir alle seine Werke angeschafft und habe sie gelesen und lese sie noch (auch Kant habe ich gelesen). Kein Student hat je während seiner Studienzeit so viel und so vielartiges in sich aufgenommen, wie ich in diesem Sommer. Ich weiß nicht, ob ich meine Meinung je ändern werde, jetzt aber bin ich überzeugt: Schopenhauer ist der genialste aller Menschen. Sie haben einmal gesagt, er habe mancherlei über philosophische Gegenstände geschrieben. Mancherlei? Das ganze Weltall in einem unglaublich hellen und schönen Abbild." Tolstois Begeisterung für den deutschen Philosophen war so groß, daß er Fjet den Vorschlag machte, mit ihm gemeinsam die Werke Schopenhauers ins Russische zu übertragen.

Von diesem begeisterten Studium Schopenhauers bis zur Niederschrift der »Beichte« sind genau zehn Jahre. Dazwischen liegt die unermüdliche bis zur Selbstqual gewissenhafte Beschäftigung mit dem Evangelium und der Geschichte seiner Auslegung, in Tolstois Sinne zu sprechen, seiner Verstümmelung durch die Kirche. 1873 beginnt Tolstoi die Arbeit an der »Kritik der dogmatischen Theologie«, und erst 1881 schließt er sie ab. (Erschienen ist das große Werk zum ersten Male 1893.)

Diese Fülle neuen Wissens bedurfte der Verarbeitung, der Ordnung, der Verschmelzung mit der starken eigenwilligen Persönlichkeit. Dies Werk der Aufnahme der neu zuströmenden Erkenntnis und der Umbildung des inneren Menschen schildern die drei Bekenntnisschriften: »Meine Beichte« (1879), »Mein Glaube« (1882), »Was sollen wir denn tun?« (1884 bis 1885). Es sind ganz persönliche schriftstellerische Erzeugnisse voll bewußter Subjektivität. Nur sich selbst schildert Tolstoi: Wie er ein anderer wurde, was er geworden, und warum er es geworden, beantworten diese drei Schriften. Das Erbe der Väter war im Goetheschen Sinne durch eigenen Erwerb Besitz, das Fremde dem eigenen Wesen angeglichen und mit ihm eins geworden.

Und das Gesamtergebnis dieser geistigen Arbeit war eine Ausgrabung verschütteter Schätze aus dem Staub der Jahrhunderte, eine Wiederentdeckung der Lehre Christi – im Gegensatz zu der Kirche, die ihn ihren Stifter nennt. Die Lebensverneinung Schopenhauers war durch ein neues Lebensideal überwunden, und dieses Lebens ideal war nichts anderes, als die vor 1800 Jahren von Christus gegebene Anweisung für die Gestaltung menschlichen Zusammenlebens.

In Rußland sprachen Gegner und Anhänger von einer neuen Lehre, die sie Tolstoismus nannten. Der Mann aber, der in seelischen Kämpfen und in strenger Forscherarbeit sich zu der neuen optimistischen Weltanschauung durchgerungen hatte, dachte bescheidener als die Jünger, die ihn verehrten, und die Feinde, die ihn verketzerten. „Es gibt keinen Tolstoismus, und wird ihn niemals geben, d.h. eine Tolstoische Lehre, da alles, was ich in meinen Schriften gesagt habe, vor achtzehnhundert

Jahren in den Evangelien viel besser gesagt worden ist". So schreibt er an einen seiner Ausleger, Felix Schröder, der ein lesenswertes Buch unter dem Titel »Le Tolstoisme« herausgegeben hat (Paris, Fischbacher 1893; deutsche Ausgabe Dresden, o. J. Alexander Beyer), und in einem wundervollen Vergleich drückt er sein Verhältnis zu Christus und der Kirche aus: „wer die Übertünchung entfernt, die ein Gemälde verdeckt, ist darum noch kein Maler."

Das neue Lebensideal methodisch zu begründen, wie er es von der schulmäßigen Philosophie gelernt hatte, war Tolstois nächstes Bedürfnis. In dem Werke »Das Leben« sollte ihm genügt werden. Abweichend von allem, was er bisher geschrieben, ist Tolstoi in diesem Buche ganz und gar unpersönlich, ganz Theoretiker und Systematiker, und zeigt sich als Meister auch in dieser Form, besonders in der ersten Hälfte des Werks. Er verleugnet förmlich die schriftstellerische Art, die jeder seiner Schöpfungen die persönliche Prägung aufdrückt. Nicht von der Erfahrung, die er an dem eigenen Leibe und in seinem Seelenleben gemacht hat, geht er aus, um zu allgemeinen Schlüssen zu gelangen; er baut vielmehr behutsam einen Gedanken auf dem anderen auf, gliedert seine Betrachtungen im Kapitel und ordnet sie mit der strengen Folgerichtigkeit der Schulphilosophie.

Das Problem ist dasselbe geblieben: die Frage nach dem Sinn des Lebens; die Antwort die gleiche, wie in den drei Bekenntnisschriften.

Die Schrift »Das Leben« beginnt mit einem schönen Gleichnis. Der Müller, der sich nur mit seiner Mühle beschäftigt, lebt durch die Mühle. Da er anfängt die Mechanik zu studieren, irrt er immer und mehr von seinem Zweck ab. Ähnlich ergeht es der heutigen Wissenschaft. Indem sie die dunkelsten Anfänge zu ergründen strebt, läßt sie das nächste Objekt der Beobachtung aus den Augen.

Das Leben des Menschen ist Streben nach seinem Wohl. Das Wohl kann die rein leibliche Existenz nicht geben, denn da alle Wesen nach diesem persönlichen Wohl streben, wäre ein Kampf aller die natürliche Folge. An die Stelle des Strebens nach dem eigenen Wohl muß der Mensch das Streben nach dem Wohl der anderen setzen. Sobald er das tut, wird ihm das Wohl erreichbar. Wenn die Menschen einander dienen, schwindet das unersättliche Streben nach Genuß, die Furcht vor dem Tode, und an die Stelle dieser Störer des Wohls tritt das Streben, das Leben der anderen Wesen zu fördern. Die Teilnahme an dem Leben der anderen hebt die Qual des Widerspruchs auf, der zwischen dem persönlichen Leben und dem Streben nach Wohl klafft, schafft eine Freude bringende, fruchtbare Wirksamkeit. Der Tod verliert seine Schrecken, denn der Mensch, dessen Leben den andern gewidmet ist, sieht in ihm nicht die Zerstörung des Lebens und seines Wohls, denn das Leben der anderen und ihr Wohl wird nicht verringert durch den Tod des Menschen, der ihnen durch sein Leben dient. Oft sogar wird das Leben der anderen vermehrt durch das Opfer des Lebens. Aufopfernde Liebe zu den Mitmenschen ist der Sinn des Lebens.

Die Gedankenfolge der Schrift, die ich hier auf das Kürzeste zusammengedrängt wiedergebe, ist demnach, wie man sieht, nichts anderes, als die systematische Begründung der Anschauungen, die in den vorausgegangenen sozialethischen Schriften in mehr persönlicher als methodischer Weise ihre Darstellung gefunden haben. »Das Leben« steht in dieser Beziehung einzig da unter den Schriften Leo Tolstois. Man hat das Werk oft als sein Tiefstes bezeichnet; vielleicht nicht mit Unrecht. »Das Reich Gottes ist in Euch« dürfte man allerdings mit dem »Leben« in Vergleich stellen.

»Das Leben« war in Rußland gedruckt, aber wie Birjukow zuverlässig erzählt, von der Zensur beschlagnahmt und verbrannt worden. Es teilte also das Schicksal des drei Jahre früher entstandenen Werks »Mein Glaube«, das Leo Tolstoi in Moskau hatte drucken lassen und das die Zensur ebenfalls vernichtet hat. So konnte es kommen, daß die deutsche Übersetzung des »Lebens«, von Sophie Behr, nach einem Manuskript Tolstois gefertigt (Leipzig, Duncker & Humblot 1889), die erste Ausgabe des Werks war, und daß in russischen Zeitschriften und Büchern häufig diese deutsche Ausgabe zitiert wird. Russisch erschien das Werk »O zizni« in Genf 1891 bei Elpidine. Diese russische Ausgabe ist durchaus zuverlässig. Die neue Ausgabe der Schrift von Wladimir Tschertkow, die unmittelbar bevorsteht, wird nur ganz geringfügige Änderungen bringen. Für unsere Gesamt-Ausgabe konnten diese kleinen Änderungen schon benutzt werden. Unserem deutschen Text liegt die Behrsche Übersetzung zu Grunde, die aber durch eine genaue Durchsicht sehr zahlreiche Veränderungen, wie wir hoffen, Verbesserungen, erfahren hat.

R.L.

L'homme n'est qu'un roseau, le plus faible de la nature, mais c'est un roseau pensant. Il ne faut pas que l'univers entier s'arme pour l'écraser. Une vapeur, une goutte d'eau suffit pour le tuer. Mais quand l'univers l'écraserait, l'homme serait encore plus noble que ce qui le tue, parce qu'il sait qu'il meurt; et l'avantage que l'univers a sur lui, l'univers n'en sait rien. Ainsi toute notre dignité consiste dans la pensée. C'est de là qu'il faut nous relever, non de l'espace et de la durée. Travaillons donc à bien penser; voilà le principe de la morale.

Pascal.

Zwei Dinge erfüllen das Gemüt mit immer neuer und zunehmender Bewunderung und Ehrfurcht, je öfter und anhaltender sich das Nachdenken damit beschäftigt: der bestirnte Himmel über mir und das moralische Gesetz in mir ... Das erstere fängt von dem Platze an, den ich in der äußeren Sinnenwelt einnehme, und erweitert die Verknüpfung, darin ich stehe, ins unabsehlich Große mit Welten über Welten und Systemen über Systemen, überdem noch in grenzenlose Zeiten ihrer periodischen Bewegung, deren Anfang und Fortdauer. Das zweite fängt von meinem unsichtbaren Selbst, meiner Persönlichkeit an und stellt mich in einer Welt dar, die wahre Unendlichkeit hat, aber nur dem Verstande spürbar ist, und mit welcher ich mich nicht wie dort in bloß zufälliger sondern allgemeiner und notwendiger Verknüpfung erkenne.

Kant (Krit. d. prakt. Vernunft, Beschluß).

Ein neu Gebot gebe ich euch, daß ihr euch untereinander liebet.

Evang. Johannes XIII 34.

EINLEITUNG

Stellen wir uns einen Menschen vor, dessen einziges Mittel für den Lebensunterhalt in einer Mühle besteht. Dieser Mensch ist der Sohn und der Enkel eines Müllers und weiß durch die Tradition ganz genau, wie man mit einer Mühle in allen ihren Teilen umgehen müsse, damit sie gut mahle. Dieser Mensch hat ohne Kenntnis der Mechanik alle Teile der Mühle, so gut er es verstand, derart einander angepaßt, daß das Mahlen effektiv und gut von statten ging, und der Mensch davon lebte und sich ernähren konnte.

Da geschah's, daß dieser Mensch über den Bau der Mühle nachzudenken begann und daß ihm unklares Gerede über die Mechanik zu Ohren kam, und er fing an, zu beobachten, was und wodurch sie in Bewegung gesetzt wurde.

Und auf dem Wege von der Haue zum Mühlstein, vom Mühlstein zur Welle, von der Welle zum Rad, vom Rad zu den Schleusen, dem Damm und dem Wasser – kam er zu der klaren Erkenntnis, daß alles von dem Damm und von dem Fluß ausgehe. Und der Mensch freute sich derart über diese Entdeckung, daß er, anstatt wie früher nach Prüfung der Güte des gewonnenen Mehles die Mühlsteine zu senken oder zu heben, sie zu schleifen, den Riemen fester zu ziehen oder zu lockern, anfing den Fluß zu untersuchen. Und seine Mühle geriet vollständig in Unordnung. Der Müller wurde hie und da darauf aufmerksam gemacht, daß er nicht richtig handle. Er gab es nicht zu und setzte seine Beobachtung des Flusses fort. Und er war damit so viel und so lange beschäftigt, er stritt so heftig und so viel mit denen, die ihm das Unrichtige seines Verfahrens nachweisen wollten, daß er schließlich selbst zu der Überzeugung gelangte, daß der Fluß eigentlich die Mühle selbst sei.

Auf alle Beweise für die Unrichtigkeit seines Gedankenganges wird ein solcher Müller erwidern: Keine Mühle mahlt ohne Wasser; um also eine Mühle zu kennen, muß man wissen, wie man das Wasser leiten muß; man muß die Kraft kennen, die in seiner Bewegung steckt, und man muß wissen, woher diese Kraft kommt, – man muß folglich, um die Mühle zu kennen, den Fluß kennen lernen.

Logisch ist die Behauptung des Müllers unwiderleglich. Das einzige Mittel, ihn von seinem Irrtum zu befreien, besteht darin, ihm zu zeigen, daß bei jeder Überlegung die Überlegung an sich nicht so wichtig ist, wie der Ort, den man ihr anweist, d. h. daß wir, um mit Nutzen zu denken, durchaus wissen müssen, worüber wir zunächst nachzudenken haben und worüber später; ihm zu zeigen, daß eine vernünftige Denktätigkeit sich von einer unvernünftigen nur dadurch unterscheidet, daß das vernünftige Denken seine Folgerungen nach ihrer Bedeutung ordnet: welche Betrachtung die erste und welche die zweite, dritte oder zehnte u.s.w. sein soll. Eine unvernünftige Denktätigkeit dagegen besteht in Schlußfolgerungen ohne diese Ordnung. Man muß ihm auch zeigen, daß die Form dieser Ordnung keine zufällige ist, sondern daß sie von dem Zweck abhängt, um dessentwillen die Überlegungen angestellt werden.

Der Zweck aller Betrachtungen ist es auch, der die Reihenfolge bestimmt, in der die einzelnen Betrachtungen geordnet sein müssen, um vernünftig zu sein.

Und eine Überlegung, die nicht mit dem allgemeinen Zweck aller Überlegungen im Zusammenhang steht, bleibt unvernünftig, so logisch sie auch sein mag.

Das Ziel des Müllers ist es, ein gut gemahlenes Mehl zu erlangen, und gerade dieses Ziel wird, wenn er es nicht aus den Augen verliert, für ihn eine ganz bestimmte Ordnung und Folgerichtigkeit seiner Betrachtungen über den Mühlstein, über das Rad, den Damm und den Fluß bedingen.

Ohne diese Beziehung auf ihr Ziel jedoch, werden die Gedankengänge des Müllers, so schön und logisch sie auch sonst sein mögen, in sich selbst unrichtig und vor allem nutzlos sein; sie werden den Betrachtungen des Cythus Mokejewitsch gleichen, der sich Gedanken darüber machte, wie dick die Schale eines Elefanteneies sein müßte, wenn die Elefanten aus Eiern gebrütet würden wie die Vögel.

Und derart sind, meiner Meinung nach, die Betrachtungen unserer heutigen Wissenschaft über das Leben.

Das Leben ist jene Mühle, die der Mensch erforschen will. Die Mühle braucht man nur, damit sie gut mahle, das Leben braucht man nur, damit es gut sei. Und diesen Zweck seiner Nachforschungen kann der Mensch nicht einen Augenblick ungestraft außer acht lassen. Wenn er das dennoch tut, so werden seine Betrachtungen unvermeidlich an falscher Stelle zu stehen kommen und Ähnlichkeit haben mit den Betrachtungen des Cythus Mokejewitsch über die Frage, was für ein Pulver erforderlich wäre, um die Schale der Elefanteneier zu durchbrechen.

Der Mensch erforscht das Leben nur, damit es besser werde. Auf diese Weise haben auch jene Menschen das Leben erforscht, die die Menschheit auf dem Pfade des Wissens vorwärts gebracht haben. Doch neben diesen wirklichen Lehrern und Wohltätern der Menschheit gibt es und hat es immer solche Denker gegeben, die das Ziel ihrer Beobachtungen aufgaben und statt dessen die Frage erörterten, wodurch das Leben entsteht – wodurch die Mühle getrieben wird. Die einen behaupten durch das Wasser, die anderen – durch ihre Konstruktion. Der Steit entbrennt, und der

Gegenstand der Betrachtung tritt immer mehr und mehr in den Hintergrund und wird nach und nach gänzlich durch fremde Gegenstände verdrängt.

Es gibt einen alten Scherz über einen Steit zwischen einem Juden und einem Christen. Es wird erzählt, wie der Christ, während er die verwickelten Spitzfindigkeiten des Juden beantwortete, diesem mit der flachen Hand derart auf die Glatze schlug, daß es klatschte, und ihm darauf die Frage stellte: »Wovon kommt das Klatschen? Von der Hand oder von der Glatze?« So war der Steit über den Glauben durch eine neue ungelöste Frage verdrängt.

Ähnlich geht es seit uralten Zeiten, neben dem wahren Wissen der Menschen, mit der Frage nach dem Leben.

Von uralten Zeiten her sind uns Überlegungen über die Entstehung des Lebens bekannt, ob dieses einen unmateriellen Ursprung hat oder aus den verschiedenartigen Verbindungen der Materie entspringt. Und diese Überlegungen werden bis zum heutigen Tage angestellt, so daß kein Ende abzusehen ist, und zwar vor allem deshalb, weil das Ziel aller Betrachtungen aus den Augen gelassen und das Leben ohne Beziehung zu seinem Zwecke erforscht wird; und unter dem Wort Leben versteht man nun nicht mehr das Leben selbst, sondern das, woraus es entsteht, oder das, was mit ihm einhergeht.

Wenn man jetzt über das Leben spricht, und zwar nicht nur in wissenschaftlichen Büchern, sondern auch bei Unterhaltungen, so spricht man nicht über das Leben, das wir alle kennen, – das Leben, zu dessen Erkenntnis ich gelange durch die Leiden, die ich fürchte und die ich hasse, und durch die Genüsse und Freuden, die ich mir wünsche; sondern über etwas, was vielleicht durch das Spiel des Zufalls oder irgendwelchen physikalischen Gesetzen entsprechend, vielleicht aber auch aus einer in ihm selbst ruhenden geheimnisvollen Ursache entstanden ist.

Jetzt wird das Wort »Leben« auf einen strittigen Gegenstand angewandt, dem die Hauptmerkmale des Lebens fehlen: das Bewußtsein von Leiden und Freuden, das Streben nach dem Glück.

„La vie est l'ensemble des fonctions, qui résistent à la mort. La vie est l'ensemble des phénomènes, qui se succèdent pendant un temps limité dans un être organisé."

„Das Leben ist ein doppelter Prozeß der allgemeinen und gleichzeitig ununterbrochenen Zersetzung und Verbindung. Das Leben ist eine bestimmte Verbindung verschiedenartiger, folgerichtig sich vollziehender Veränderungen. Das Leben ist ein sich in Tätigkeit befindender Organismus. Das Leben ist eine besondere Tätigkeit eines organischen Wesens. Das Leben ist die Anpassung der inneren Beziehungen an die äußeren."

Abgesehen von den Ungenauigkeiten, den Tautologien aller dieser Definitionen stimmen sie im Wesentlichen vollständig überein, darin nämlich, daß nicht das erklärt wird, was alle Menschen gleich unbestreitbar unter dem Worte »Leben« verstehen, sondern gewisse Prozesse, die das Leben und andere Erscheinungen begleiten.

Die Mehrzahl dieser Definitionen paßt auf den Vorgang der Wiederherstellung der Kristalle; einige passen auf den Vorgang des Gärens und des Faulens, und alle passen auf das Leben jeder einzelnen Zelle meines Körpers, für die es nichts gibt – weder Gutes noch Schlechtes. Manche Prozesse, die in Kristallen, im Protoplasma, im Kerne des Protoplasmas, in den Zellen meines Körpers und anderer Körper vor sich gehen, bezeichnet man mit dem Wort, das in mir untrennbar verbunden ist mit dem Bewußtsein des Strebens nach meinem Wohle.

Die Überlegungen über einige Bedingungen des Lebens, als wären diese das Leben selbst, gleichen den Gedanken über den Fluß, die den Anschein erwecken, er sei die Mühle. Diese Betrachtungen mögen vielleicht auch für irgend etwas sehr notwendig sein. Sie beziehen sich aber nicht auf den Gegenstand, den sie erforschen wollen. Und deshalb können alle Schlüsse über das Leben, die aus solchen Überlegungen gezogen werden, nicht anders als falsch sein.

Das Wort »Leben« ist sehr kurz und sehr klar, und jeder Mensch versteht, was es bedeutet. Aber gerade weil alle verstehen, was es bedeutet, sind wir verpflichtet, es stets in diesem allen verständlichen Sinne zu gebrauchen. Denn nicht deshalb ist dieses Wort allen verständlich, weil es durch andere

Worte und Begriffe sehr genau erklärt wird, sondern im Gegenteil, weil dieses Wort den Urbegriff ausdrückt, aus dem viele, wenn nicht alle anderen Begriffe abgeleitet sind; und deshalb sind wir, um Schlüsse aus diesem Begriff zu ziehen, vor allem verpflichtet, diesen Begriff in seiner zentralen, für alle unbestreitbaren Bedeutung zu gebrauchen. Und das gerade, scheint mir, ist von den streitenden Parteien in Beziehung auf den Begriff des Lebens versäumt worden. Der von Anfang an nicht in seiner zentralen Bedeutung gebrauchte Urbegriff des Lebens hat sich in Folge des Meinungsstreits, der um seinetwillen geführt worden ist, immer mehr und mehr von der ursprünglichen von allen anerkannten Bedeutung entfernt und hat schließlich seinen ursprünglichen Sinn verloren und einen anderen ihm nicht entsprechenden Sinn bekommen. Das Zentrum, von dem aus die Menschen die Figuren zogen, ist verlassen und auf einen neuen Punkt verlegt worden.

Man streitet darüber, ob es in der Zelle oder im Protoplasma oder, nocht tiefer, in der unorganischen Materie Leben gibt? Bevor wir jedoch darüber streiten, müssen wir uns fragen: ob wir ein Recht haben, der Zelle den Begriff des Lebens zuzuschreiben?

Wir sagen z. B., in der Zelle ist Leben, die Zelle ist ein lebendes Wesen. Gleichwohl aber sind der Grundbegriff des menschlichen Lebens und der Begriff jenes Lebens, das in der Zelle enthalten ist, zwei nicht nur gänzlich verschiedene, sondern auch unvereinbare Begriffe. Der eine Begriff schließt den anderen aus. Ich mache die Entdekkung, daß mein ganzer Körper vollständig aus Zellen besteht. Diese Zellen, sagt man mir, besitzen dieselbe Eigenschaft des Lebens wie ich und sind ebensolche lebende Wesen wie ich; mich selbst aber erkenne ich nur deshalb als lebend an, weil ich mich mitsamt allen Zellen, aus denen ich gebildet bin, als ein unteilbares lebendes Wesen erkenne. Ich selbst aber, sagt man mir, bin vollständig aus lebenden Zellen zusammengesetzt. Wem soll ich also die Eigenschaft des Lebens zuschreiben – den Zellen oder mir selbst? Wenn ich zugebe, daß die Zellen Leben enthalten, so muß ich von dem Begriffe des Lebens das Hauptmerkmal meines Lebens, das Bewußtsein meiner selbst als eines einzelnen lebenden Wesens, ausscheiden; wenn ich hingegen zugebe, als ein Individuum Leben zu besitzen, so kann ich – das ist einleuchtend – den Zellen, aus denen mein ganzer Körper besteht, und von deren Bewußtsein ich nichts weiß, unmöglich dieselbe Eigenschaft zuschreiben.

Entweder bin ich lebendig und in mir sind leblose Teilchen, Zellen genannt, – oder es gibt eine Menge lebender Zellen, und mein Bewußtsein des Lebens ist kein Leben, sondern nur eine Täuschung.

Wir sagen ja nicht, daß in der Zelle sich ein Etwas befindet, das wir »Mesenterium« nennen, wir sagen, es ist »Leben« in ihr. Wir sagen »Leben«, weil wir unter dem Wort nicht irgend ein X, sondern eine ganz bestimmte Größe verstehen, die wir alle gleich gut und nur aus uns selbst kennen, als das Bewußtsein unser selbst und unseres Körpers als eines untrennbaren Ganzen, – und deshalb kann ein solcher Begriff sich nicht auf jene Zellen beziehen, aus denen mein Körper zusammengesetzt ist.

Welcher Art Forschungen und Beobachtungen auch der Mensch anstellen mag, was den Ausdruck seiner Beobachtungen betrifft, so ist er stets verpflichtet unter jedem Worte das zu verstehen, was von allen gleicherweise unbestritten darunter verstanden wird, nicht aber einen beliebigen Begriff, den er braucht, der aber mit dem allen bekannten Grundbegriffe unvereinbar ist. Wenn man das Wort »Leben« so anwenden kann, daß es ohne Unterschied sowohl die Eigenschaft des ganzen Gegenstandes als auch die ganz anderen Eigenschaften aller seiner Bestandteile bezeichnet, wie es mit der Zelle und dem aus Zellen bestehenden Geschöpfe geschieht, so kann man auch andere Worte gebrauchen, – man kann zum Beispiel sagen: da alle Gedanken aus Worten, alle Worte aus Buchstaben und alle Buchstaben aus Strichen bestehen, so ist das Zeichnen der Striche so viel wie der Ausdruck der Gedanken, und deshalb kann man Striche Gedanken nennen.

Es ist z. B. eine ganz gewöhnliche Erscheinung in der wissenschaftlichen Welt, Theorien über die Entstehung des »Lebens« aus dem Spiele physischer und mechanischer Kräfte zu hören und zu lesen.

Ja, ich glaube fast, die Mehrzahl der Wissenschaftler hält sich an diese ... ich weiß nicht recht, wie ich es nennen soll ... nicht Meinung, nicht Paradoxie, sondern schon mehr Scherze oder Rätsel.

Es wird behauptet, daß Leben entspringe dem Spiel physischer und mechanischer Kräfte, – derjenigen physischen Kräfte, die wir bloß im Gegensatz zu dem Begriff des Lebens physische und mechanische benannt haben.

Es ist klar, daß das Wort »Leben«, indem es fälschlich auf Begriffe angewandt wurde, die ihm fremd sind, von seiner ursprünglichen Bedeutung immer mehr und mehr abgewichen ist und in dieser Bedeutung sich von seinem Zentrum so weit entfernt hat, daß selbst da Leben vorausgesetzt wird, wo nach unseren Begriffen gar kein Leben sein kann. Es wird etwas behauptet, wie: daß es einen Kreis oder eine Kugel gibt, in der das Zentrum außerhalb ihrer Peripherie liegt.

In der Tat, das Leben, das ich mir nicht anders vorstellen kann, denn als ein Streben vom Bösen zum Guten, vollzieht sich in einem Bereich, in dem ich weder Gutes noch Böses sehen kann. Ganz offenbar ist das Zentrum des Lebensbegriffs vollständig verschoben. Mehr noch: indem ich die Forschungen über dieses Etwas, das wir »Leben« nennen, verfolge, sehe ich sogar, daß diese Forschungen fast keine der mir bekannten Begriffe berühren. Ich sehe eine ganze Reihe neuer Begriffe und Wörter, die ihre bedingte Bedeutung in der wissenschaftlichen Sprache besitzen, die aber mit den vorhandenen Begriffen nichts gemein haben.

Der mir bekannte Begriff des Lebens wird nicht so aufgefaßt, wie alle ihn auffassen, und die von ihm abgeleiteten Begriffe stimmen auch nicht mit den gewohnten Begriffen überein, sondern es entstehen neue bedingte Begriffe, die entsprechende neuerfundene Benennungen erhalten.

Die menschliche Sprache wird immer mehr und mehr aus den wissenschaftlichen Forschungen verdrängt, und an die Stelle des Wortes als des Mittels der Bezeichnung der existierenden Gegenstände und Begriffe tritt ein wissenschaftliches Volapük, das sich von dem echten Volapük nur dadurch unterscheidet, daß das echte Volapük die existierenden Gegenstände und Begriffe mit allgemeinen Namen benennt, das wissenschaftliche Volapük dagegen nichtexistierende Gegenstände mit nichtexistierenden Worten bezeichnet.

Das einzige Mittel des geistigen Verkehrs unter den Menschen ist das Wort, und damit dieser Verkehr möglich wird, muß man die Worte so gebrauchen, daß jedes Wort bei Allen unzweifelhaft auf den entsprechenden bestimmten Begriff trifft.

Wenn man aber die Worte beliebig anwenden und unter den Worten verstehen kann, was einem einfällt, dann ist es wahrhaftig besser, nicht zu sprechen und sich durch Zeichen zu verständigen.

Ich gebe zu, es wäre ein falscher und unwissenschaftlicher Weg, die Gesetze des Weltalls allein aus Vernunftschlüssen ohne Erfahrung und

Beobachtung bestimmen zu wollen, ein Weg, der kein wahres Wissen zu vermitteln imstande wäre; wollte man aber die Erscheinungen der Welt durch Erfahrungen und Beobachtungen ergründen und sich dabei in diesen Forschungen und Beobachtungen nicht von den fundamentalen, allen bekannten, sondern von den bedingten Begriffen leiten lassen und die Resultate dieser Forschungen mit Worten beschreiben, denen man verschiedene Bedeutungen beilegen kann, – würde das nicht noch schlimmer sein? Die beste Apotheke wird den größten Schaden anrichten, wenn die Schildchen auf den Behältern nicht nach dem Inhalt aufgeklebt wären, sondern wie es dem Apotheker gerade paßt.

Man wird mir aber sagen: die Wissenschaft stellt sich keineswegs die Aufgabe, das Gesamtleben (den Willen, das Verlangen nach Glück, das Seelenleben miteinbegriffen) zu erforschen; sie abstrahiert nur von dem Begriff des Lebens die Erscheinungen, die ihren empirischen Untersuchungen unterliegen.

Das wäre nun tatsächlich schön und berechtigt. Wir wissen aber, daß es sich in der Vorstellung der Wissenschaftler unserer Zeit ganz anders verhält. Wenn vor allen Dingen der Begriff des Lebens in seiner zentralen Bedeutung, in der Bedeutung, in der ihn alle verstehen, anerkannt und danach klar bestimmt worden wäre, daß die Wissenschaft, nachdem sie von diesem Begriffe alle Seiten abstrahiert hatte, außer der einen, die ihren äußeren

Beobachtungen unterliegt, die Erscheinungen von dieser einen Seite aus betrachtet, für welche sie die ihr eigene Methode der Erforschung besitzt, dann wäre es ausgezeichnet und wäre überhaupt etwas ganz anderes: dann wäre auch die Stellung, die die Wissenschaft einnehmen würde, dann wären die Ergebnisse, zu denen wir auf der Grundlage der Wissenschaft gelangten, durchaus andere. Wir müssen das sagen, was ist, und nicht verheimlichen, was wir alle wissen. Und wissen wir nicht, daß die Mehrzahl der erfahrungswissenschaftlichen Erforscher des Lebens die feste Überzeugung hegen, daß sie nicht bloß eine Seite des Lebens, sondern das ganze Leben erforschen?

Die Astronomie, die Mechanik, die Physik, die Chemie und alle anderen Wissenschaften zusammen und jede einzeln für sich, bearbeiten jede die ihr zufallende Seite des Lebens, ohne zu irgend welchen Ergebnissen über das Leben im allgemeinen zu gelangen. Nur in der Zeit ihrer rohen Anfänge, das heißt in der Zeit der Unklarheit, Unbestimmtheit, haben diese Wissenschaften alle Erscheinungen des Lebens von ihrem Gesichtspunkt aus zu begreifen versucht und sind irre gegangen, indem sie selbst neue Begriffe und neue Worte erfanden. So war es mit der Astronomie, als sie Astrologie war, so mit der Chemie als sie Alchemie war. Ebenso ergeht es jetzt der empirischen Evolutionswissenschaft, die Ansprüche erhebt auf die Erforschung des gesamten Lebens, während sie doch nur eine oder mehrere Seiten des Lebens betrachtet.

Die Menschen, die eine so falsche Ansicht über ihre Wissenschaft haben, wollen durchaus nicht zugeben, daß nur einige Seiten des Lebens zu ihrem Forschungsbereich zählen, und behaupten, daß das gesamte Leben mit allen seinen Erscheinungen von ihnen auf dem Wege der äußeren Erfahrungen ergründet werden wird. „Wenn", sagen sie, „der »Psychismus« – sie gebrauchen gern dieses unbestimmte Wort ihres Volapüks – uns noch nicht bekannt ist, so wird er uns bekannt werden." Dies heißt soviel wie: indem wir eine oder mehrere Seiten der Lebenserscheinungen erforschen, lernen wir alle ihre Seiten kennen; oder mit anderen Worten: wenn wir einen Gegenstand sehr lange und sehr eifrig von einer Seite betrachten, so werden wir diesen Gegenstand von allen Seiten und sogar aus der Mitte heraus sehen.

Wie merkwürdig eine so sonderbare, nur durch den Fanatismus des Aberglaubens erklärliche Lehre sein mag, so besteht sie doch und übt wie jede rohe fanatische Lehre, ihren verderblichen Einfluß aus, indem sie die Tätigkeit des menschlichen Denkens auf einen falschen und nutzlosen Pfad leitet. So verkommen gewissenhafte, mühsam arbeitende Menschen, die ihr Leben der Erforschung des fast Nutzlosen weihen; so verkommen die materiellen Kräfte des Menschen, indem sie eine falsche Richtung einschlagen; so verkommen junge Generationen, die auf die vollständig unfruchtbare Tätigkeit eines Cythus Mokejewitsch angewiesen werden, eine Tätigkeit, die auf die Stufe des höchsten Dienstes der Menschheit erhoben wird.

Es heißt gewöhnlich: die Wissenschaft erforscht das Leben von allen Seiten. Das ist es ja eben, daß jeder Gegenstand ebensoviele Seiten hat wie eine Kugel Radien, d.h. unzählige, und daß man ihn nicht von allen Seiten erforschen kann, sondern wissen muß, von welcher Seite her es wichtiger, notwendiger und von welcher es weniger wichtig und weniger notwendig ist. Sowenig wie man von allen Seiten auf einmal an einen Gegenstand herantreten kann, so wenig kann man auch auf einmal und von allen Seiten die Erscheinungen des Lebens erforschen. Es stellt sich nolens volens eine Folgerichtigkeit ein. Das ist es eben, worum es eigentlich geht. Diese Folgerichtigkeit erlangt man nur durch ein Verstehen des Lebens.

Nur ein richtiges Begreifen des Lebens gibt der Wissenschaft überhaupt und jeder Wissenschaft im besonderen die angemessene Bedeutung und Richtung, indem es ihr die Stellung anweist je nach der Wichtigkeit ihrer Bedeutung für das Leben. Ist aber das Verständnis des Lebens nicht so, wie es uns allen eingepflanzt wurde, so wird auch die Wissenschaft selbst eine falsche sein.

Nicht das, was wir Wissenschaft zu nennen belieben, wird das Leben bestimmen, sondern unser Begriff vom Leben wird bestimmen, was als Wissenschaft anerkannt zu werden verdient. Und deshalb muß, damit die Wissenschaft Wissenschaft sei, vorerst die Frage entschieden werden, was

Wissenschaft und was nicht Wissenschaft ist, und zu diesem Zweck muß der Begriff des Lebens erläutert werden.

Ich will meinen Gedanken vollständig und offen aussprechen: wir kennen alle alle das Grunddogma des Glaubens dieser falschen Erfahrungswissenschaft.

Es existiert die Materie und ihre Energie. Die Energie bringt Bewegung hervor, die mechanische Bewegung geht in eine molekulare über, die molekulare äußert sich durch die Wärme, die Elektrizität, durch die Tätigkeit der Nerven, des Gehirns. Und alle Erscheinungen des Lebens ohne Ausnahme werden durch die Beziehungen der Energien erklärt. Alles ist so schön, so einfach, so klar und namentlich so bequem. So schön, daß, wenn nicht alles das existiert, was wir so gerne haben möchten und was unser ganzes Leben so vereinfacht, man alles das auf irgend eine Weise erfinden muß.

Und darum besteht mein dreister Gedanke: der Hauptteil der Energie, der Leidenschaft der Tätigkeit der empirischen Wissenschaft gründet sich auf den Wunsch, alles das zu ersinnen, was zur Bestätigung einer so bequemen Vorstellung notwendig ist.

In der ganzen Tätigkeit dieser Wissenschaft sieht man nicht so sehr den Wunsch, die Erscheinungen des Lebens zu erforschen, als die eine stets gegenwärtige Sorge, die Richtigkeit ihres Grunddogmas zu beweisen. Wieviel Kräfte sind auf Versuche verschwendet worden, die Abstammung des organischen Lebens von dem unorganischen und die Entstehung der psychischen Vorgänge aus den Prozessen des Organismus zu erklären? Geht aber das Organische nicht ins Unorganische über: gut, dann suchen wir auf dem Grunde des Meeres – wir werden ein Ding finden, das wir Kern, das wir Monere benennen werden.

Auch da ist es nicht; wir werden glauben, daß es sich finden wird, – um so mehr, als eine ganze Unendlichkeit von Jahrhunderten uns zu Gebote steht, in die wir alles hineinhäufen können, was, unserem Glauben nach, sein müßte, was aber in Wirklichkeit nicht ist.

Ebenso steht es mit dem Übergang organischer Prozesse in psychische. Ist es hier noch immer nicht? Gut, wir glauben aber, daß es sein wird, und wenden alle Bemühungen unseres Verstandes daran, um mindestens die Möglichkeit zu beweisen.

Der Streit über das, was sich nicht auf das Leben bezieht, nämlich der Streit über den Ursprung des Lebens: ob der Animismus oder der Vitalismus recht hat oder der Begriff irgend einer anderen besonderen Kraft hat dem Menschen die Hauptfrage des Lebens verhüllt, die Frage, ohne die der Begriff des Lebens seinen Sinn verliert, und er hat nach und nach die Männer der Wissenschaft – die Männer, die andere leiten sollen – in die Lage eines Menschen versetzt, der geht, ja sogar eilt, der aber vergessen hat, wohin er eigentlich geht.

Vielleicht aber bemühe ich mich absichtlich, die enormen Resultate nicht zu bemerken, die die Wissenschaft in ihrer jetzigen Richtung aufweisen kann? Aber Resultate, welcher Art immer, vermögen doch eine falsche Richtung nicht gut zu machen. Nehmen wir das Unmögliche an, – daß alles, was die jetzige Wissenschaft über das Leben zu erfahren wünscht, wovon sie versichert (obgleich sie selbst nicht daran glaubt), daß es entdeckt werden wird: nehmen wir an, daß alles entdeckt ist, daß alles klar ist wie der Tag. Daß klar ist, wie aus der unorganischen Materie durch Anpassung das Organische (Leben) entsteht; daß klar ist, wie die physische Energie in das Gefühl, in den Willen, in das Denken übergeht, und daß alles das nicht nur den Gymnasiasten, sondern auch den Dorfschülern bekannt ist.

Ich weiß, daß diese und jene Gedanken und Gefühle durch diese und jene Bewegungen entstehen. Und was weiter? Ob ich diese Bewegungen leiten kann, um in mir diese oder jene Gedanken wachzurufen, oder ob ich das nicht kann, – die Frage, welche Gedanken und Gefühle ich in mir und anderen wachrufen soll, bleibt nicht nur ungelöst, sondern sogar unberührt.

Ich weiß, daß die Männer der Wissenschaft keine Bedenken tragen, diese Frage zu beantworten. Die Beantwortung dieser Frage erscheint ihnen sehr einfach, wie die Lösung einer schwierigen Frage dem, der sie nicht versteht, immer einfach erscheint. Die Lösung der Frage, wie wir unser

Leben einrichten sollen, wenn wir es in unserer Macht haben, erscheint den Wissenschaftlern sehr einfach. Sie sagen: die Menschen müssen es so einrichten, daß sie ihre Bedürfnisse befriedigen können; die Wissenschaft wird Mittel herbeischaffen erstens, um die Befriedigung der Bedürfnisse gesetzmäßig zu regeln, und zweitens, um so viel und so leicht Mittel hervorzubringen, daß alle Bedürfnisse leicht befriedigt werden, und dann werden die Menschen glücklich sein.

Wenn man nun fragt: was heißt Bedürfnis und wo ist die Grenze für die Bedürfnisse? – so wird darauf ebenso einfach erwidert: das regelt die Wissenschaft – dazu ist die Wissenschaft da, um die Bedürfnisse in physische, geistige, ästhetische, sogar sittliche einzuteilen und genau festzustellen, welche Bedürfnisse berechtigt sind und in welchem Maße sie es sind, und welche unberechtigt sind und in welchem Maße sie es sind.

Sie wird das mit der Zeit feststellen. Wenn man aber fragt: wodurch sollen wir uns in der Feststellung der Berechtigung oder Nichtberechtigung der Bedürfnisse leiten lassen? – so wird uns kühn geantwortet: durch die Erforschung der Bedürfnisse. Das Wort Bedürfnis hat aber nur zwei Bedeutungen: entweder heißt es Bedingung des Daseins – und Bedingungen des Daseins gibt es für jeden Gegenstand eine zahllose Menge und deshalb ist es nicht möglich, alle Bedingungen zu erforschen – oder das Verlangen eines lebenden Wesens nach Glück, das nur durch das Bewußtsein erkannt und festgestellt werden und deshalb noch weniger durch die empirische Wissenschaft erforscht werden kann.

Es gibt eine Gesellschaft, eine Korporation, eine Vereinigung oder dergleichen von Menschen oder Geistern, die unfehlbar ist und Wissenschaft genannt wird. Und die wird das alles mit der Zeit feststellen.

Ist es denn nicht einleuchtend, daß diese ganze Art der Lösung der Frage nur eine Umschreibung des Reichs des Messias ist, in dem die Wissenschaft die Rolle des Messias spielt, und daß man, damit eine solche Erklärung etwas erkläre, ebenso blind an die Dogmen der Wissenschaft glauben muß, wie die Juden an den Messias glauben; und das tun die orthodoxen Wissenschaften auch wirklich, – mit dem Unterschied nur, daß der orthodoxe Jude, der im Messias den Gesandten Gottes sieht, glauben kann, daß er alles durch seine eigene Macht vortrefflich richten wird; der Orthodoxe der Wissenschaft hingegen kann, dem Wesen der Sache nach, nicht glauben, daß es mittels äußerer Erforschung der Bedürfnisse möglich sein könnte, die grundlegende und einzige Frage nach dem Leben zu lösen.

1

Der fundamentale Widerspruch des menschlichen Lebens

Der Mensch lebt nur dazu, daß es ihm gut gehe, – um seines Glückes willen. Wenn der Mensch nicht den Wunsch nach seinem Glück empfindet, so empfindet er sich auch nicht als lebend. Der Mensch kann sich das Leben nicht vorstellen ohne den Wunsch nach seinem Glück. Leben ist für jeden Menschen gleichbedeutend damit, sein Glück zu wünschen und es zu erlangen. Sein Glück zu wünschen und zu erlangen, das bedeutet leben.

Das Leben empfindet der Mensch nur in sich, in seiner Persönlichkeit, und deshalb kommt es dem Menschen anfangs so vor, als sei das Glück, das er ersehnt, das Glück nur seiner Persönlichkeit. Es kommt ihm anfangs so vor, als ob er allein lebe, nur er allein wahrhaft lebe.Das Leben anderer Wesen erscheint ihm durchaus nicht als ein Leben wie sein eigenes, – es erscheint ihm bloß als etwas dem Leben Ähnliches; das Leben anderer Wesen kann der Mensch bloß beobachten, und nur durch diese Beobachtung erfährt er, daß sie leben. Über das Leben anderer Wesen weiß der Mensch nur dann etwas, wenn er an sie denken will, von sich selbst dagegen weiß er, kann er nicht eine Sekunde lang aufhören zu wissen, daß er lebt, und deshalb erscheint jedem Menschen nur sein eigenes Leben als wirkliches Leben. Das Leben der anderen, ihn umgebenden Wesen erscheint ihm nur als eine der Bedingungen seines Daseins. Wenn er anderen nichts Böses wünscht, so nur deshalb, weil der Anblick des Leidens anderer sein Glück stört. Wenn er anderen Gutes wünscht, so tut er das ganz anders, als wenn er es für sich wünscht, – er tut es nicht, damit der, dem er das Gute wünscht, es gut habe, sondern nur, damit das Wohlergehen anderer Wesen das Glück seines eigenen Lebens erhöhe. Wichtig und notwendig ist für den Menschen das Wohlergehen nur in dem Leben, das er als sein eigenes empfindet, d. h. sein eigenes Glück.

Indem nun der Mensch nach der Erlangung dieses seines Glückes strebt, bemerkt er, daß sein Glück von anderen Wesen abhängig ist. Und indem er diese anderen Wesen beobachtet und prüft, sieht der Mensch, daß sie alle, Menschen, ja sogar Tiere, genau dieselbe Vorstellung vom Leben haben wie er. Jedes dieser Wesen empfindet gleich ihm nur sein eigenes Leben und sein eigenes Glück, hält nur sein eigenes Leben für wichtig und wahrhaft, das Leben aller anderen Wesen hingegen bloß für Mittel zu seinem Wohlergehen. Der Mensch sieht, daß jedes der lebenden Wesen, gleich ihm, bereit sein muß, um seines eigenen kleinen Wohles willen alle anderen Wesen ihres großen Wohles willen und sogar ihres Lebens zu berauben, ihn selbst, den so denkenden Menschen, miteingerechnet. Und nachdem der Mensch das begriffen hat, kommt er unwillkürlich zu dem Schluß, daß, wenn es sich so verhält, – er weiß aber, daß es sich unzweifelhaft so verhält – nicht ein und nicht zehn, sondern alle die unzähligen Wesen der Welt jeden Augenblick bereit sind, ein jedes um sein eigenes Ziel zu erlangen, ihn selbst zu vernichten, – ihn, für den allein das Leben doch da ist. Und nachdem der Mensch dies begriffen hat, sieht er, daß sein persönliches Glück, in dem allein er das Leben begreift, nicht nur nicht leicht von ihm erreicht werden kann, sondern ihm ganz sicher entrissen werden wird.

Je länger der Mensch lebt, um so mehr wird ihm diese Ansicht durch die Erfahrung bestätigt, und der Mensch sieht, daß das Leben der Welt, an dem er teilhat und das aus miteinander verbundenen Persönlichkeiten gebildet wird, die sich gegenseitig zu vernichten und aufzufressen wünschen, für ihn nicht nur kein Glück sein kann, sondern ganz bestimmt ein großes Übel sein wird.

Ja mehr als das: wenn selbst der Mensch sich in so vorteilhafte Bedingungen gestellt sieht, daß er mit Erfolg gegen andere Persönlichkeiten ankämpfen kann, ohne für die seinige etwas zu befürchten, so zeigen ihm doch sein Verstand und seine Erfahrung sehr bald, daß selbst jene dem Glück ähnlichen Erscheinungen, die er als persönliche Genüsse dem Leben abringt, kein Glück, sondern gleichsam nur Proben des Glückes sind, die ihm nur darum gegeben werden, damit er noch lebhafter die Leiden empfinde, die stets mit den Genüssen verbunden sind. Je länger der Mensch lebt, um so klarer sieht er, daß die Freuden immer weniger und weniger und die Langeweile, die Übersättigung, die Mühen, die Leiden immer mehr und mehr werden. Doch auch das ist nicht genug; indem er den Verfall der Kräfte und die Krankheiten zu fühlen beginnt und indem er die Krankheiten, das Alter und den Tod anderer Menschen betrachtet, bemerkt er auch noch, daß auch seine eigene Existenz, in der allein er das wirkliche, volle Leben empfindet, sich mit jeder Stunde, mit jeder Bewegung dem Verfall, dem Alter, dem Tod nähert; daß kein Leben, abgesehen davon, daß es Tausenden von Zufälligkeiten der Vernichtung durch andere mit ihm im Kampf befindliche Wesen und stetig zunehmenden Leiden unterworfen ist, seiner eigenen Natur nach bloß eine unaufhörliche Annäherung an den Tod ist, an jenen Zustand, in dem zugleich mit dem Leben der Person sicherlich jede Möglichkeit irgend welchen Glückes der Person vernichtet wird. Der Mensch sieht, daß er, seine Persönlichkeit, das, worin allein er das Leben empfindet, nichts weiter tut, als daß es fortwährend ankämpft gegen das, wogegen anzukämpfen ganz unmöglich ist – gegen die ganze Welt; daß er Genüsse sucht, die nur scheinbares Glück gewähren und immer mit Leiden aufhören, und daß er das Leben festhalten will, das man nicht festhalten kann. Der Mensch sieht, daß er selbst, seine Persönlichkeit selbst – das, wofür allein er das Glück und das Leben wünscht – weder das Glück noch das Leben besitzen kann. Das aber, was er zu besitzen wünscht: das Glück und das

Leben, besitzen nur jene ihm fremden Wesen, die er nicht fühlen kann, und über deren Dasein er nichts wissen kann und nichts wissen will.

Das, was für ihn das Wichtigste und das einzige ist, was er braucht, was – wie er meint – allein wirklich lebt, seine Persönlichkeit, das geht zu Grunde, das wird zum Gerippe, wird zum Wurm – das bleibt nicht er; das aber, was er nicht braucht, was für ihn unwichtig ist, was er nicht als lebend empfindet, jene ganze Welt sich bekämpfender und sich gegenseitig ablösender Wesen, das gerade ist das wirkliche Leben; das wird bleiben und wird ewig leben. So daß jenes vom Menschen einzig und allein empfundene Leben, um deswillen seine ganze Tätigkeit sich vollzieht, sich als etwas Trügerisches und Unmögliches erweist, das Leben dagegen außerhalb seiner, das nicht geliebte, von ihm nicht empfundene, ihm unbekannte Leben das einzig wirkliche ist.

Das, was er nicht fühlt, das allein besitzt die Eigenschaften, die er allein besitzen möchte. Und nicht etwa, daß es dem Menschen nur in den schlimmen Augenblicken einer trübseligen Stimmung so erscheint, – nein, das ist keine Vorstellung, von der man sich losmachen kann, das ist im Gegenteil eine so offensichtliche, unbezweifelbare Wahrheit, daß, wenn dieser Gedanke dem Menschen nur ein einziges Mal von selbst kommt oder andere ihn ihm nur ein einziges Mal klar machen, er sich nie mehr von ihm befreien und er ihn durch nichts aus seinem Bewußtsein ausmerzen kann.

2

Der Widerspruch des Lebens ist von der Menschheit seit den ältesten Zeiten erkannt worden. Die Erleuchter der Menschheit haben den Menschen Erklärungen des Lebens verkündet, die diesen inneren Widerspruch auflösen, die Pharisäer und Schriftgelehrten aber halten diese vor den Menschen verborgen.

Der einzige Zweck des Lebens, den der Mensch von Anbeginn vor sich sieht, ist das Glück seiner Person; ein Glück für die Person aber kann es nicht geben. Gäbe es auch im Leben etwas dem Glücke Ähnliches, so strebte doch das Leben, in dem allein das Glück möglich ist, das Leben der Person, mit jeder Bewegung, jedem Atemzug unaufhaltsam den Leiden, dem Übel, dem Tod, der Vernichtung zu.

Und das ist so einleuchtend und so klar, daß jeder denkende Mensch, ob jung ob alt, ob gebildet oder ungebildet, es sieht. Diese Erkenntnis ist so einfach und natürlich, daß sie sich jedem vernünftigen Menschen aufdrängt und seit uralten Zeiten den Menschen bekannt gewesen ist.

„Das Leben des Menschen als einer bloß nach seinem Glück strebenden Person inmitten der zahllosen Menge ebensolcher einander vernichtender und selbst der Vernichtung entgegengehender Personen ist ein Übel und ein Unsinn, und das wahre Leben kann so nicht sein." Seit uralten Zeiten hat der Mensch sich das gesagt, und dieser innere Widerspruch des Lebens des Menschen ist mit ungewöhnlicher Kraft und Klarheit von indischen, chinesischen, ägyptischen, griechischen und jüdischen Weisen zum Ausdruck gebracht worden, und seit uralten Zeiten ist die Vernunft des Menschen auf das Erkennen eines menschlichen Glückes gerichtet gewesen, das nicht durch den Kampf der Wesen untereinander und nicht durch Leiden und Tod würde vernichtet werden können. In der zunehmenden Erkenntnis dieses unzweifelhaften, durch Kampf, Leiden und Tod nicht zerstörbaren Glückes des Menschen besteht eben aller Fortschritt der Menschheit von der Zeit an, da wir ihr Leben kennen.

Von den ältesten Zeiten an und bei den verschiedensten Völkern haben die großen Lehrer der Menschheit den Menschen zunehmend deutlicher Erklärungen des Lebens eröffnet, die dessen inneren Widerspruch zu lösen und ihr das wahre Glück und auf das wahre den Menschen eigene Leben zu zeigen imstande war. Und da die Stellung aller Menschen in der Welt gleich ist, und deshalb für jeden Menschen auch der Widerspruch zwischen dem Streben nach seinem persönlichen Glück und der Erkenntnis von dessen Unmöglichkeit der gleiche ist, so sind auch alle Erklärungen des wahren Glückes und mithin des wahren Lebens, wie sie den Menschen durch die größten

Geister der Menschheit offenbart worden sind, ihrem Wesen nach gleich.

„Das Leben ist Verbreitung jenes Lichtes, das zum Wohl der Menschen vom Himmel in sie herabgestiegen ist", sagt Konfuzius 600 Jahre v. Chr.

„Das Leben ist die Wanderung und Vervollkommnung der Seelen, die zu immer größerem Wohle gelangen", sagten die Brahmanen der selben Zeit.

„Das Leben ist Selbstentäußerung zur Erlangung des glückseligen Nirvanas", sagte Buddha, ein Zeitgenosse des Konfuzius.

„Das Leben ist der Weg der Demut und Erniedrigung zur Erlangung des Glückes", sagte Laotse, auch ein Zeitgenosse des Konfuzius.

„Das Leben ist das, was Gott in die Nase des Menschen eingeblasen hat, auf daß er, Sein Gesetz erfüllend, das Heil erlange", sagte die Weisheit der Juden.

„Das Leben ist die Unterordnung unter die Vernunft, die dem Menschen das Glück verleiht", sagten die Stoiker.

„Das Leben ist die Liebe zu Gott und zu dem Nächsten, die dem Menschen das Glück verleiht", sagte Christus, indem er in seine Erklärung alle vorangegangenen einschloß.

So sehen die Erklärungen des Lebens aus, die Tausende von Jahren vor uns den Widerspruch des menschlichen Lebens lösten und ihm einen vernünftigen Sinn gaben, indem sie die Menschen von dem falschen und unmöglichen Glück der Person ablenkten und auf das wahre, unzerstörbare Heil hinwiesen. Es ist möglich, diesen Erklärungen des Lebens nicht zuzustimmen, man kann sagen, diese Erklärungen müßten genauer und klarer ausgedrückt werden, man kann aber nicht umhin zu sehen, daß diese Erklärungen derart sind, daß ihre Anerkennung dem Leben einen vernünftigen Sinn gibt, indem sie den Widerspruch des Lebens aufheben und das Streben nach dem unerreichbaren Glück der Person durch ein anderes Streben ersetzt – durch das Streben nach einem durch Leiden und Tod unzerstörbaren Glück. Man kann auch nicht umhin zu sehen, daß diese Erklärungen als theoretisch richtig auch durch die Erfahrung des Lebens bestätigt werden, und daß Millionen und Millionen Menschen, die solche Erklärungen des Lebens anerkannt haben und anerkennen, durch ihre Taten die Möglichkeit gezeigt haben und zeigen, das Streben nach dem Glück der Person durch ein anderes Streben nach einem solchen Glück zu ersetzen, daß weder durch Leiden noch durch den Tod zerstört wird.

Außer den Menschen aber, die die von den großen Erleuchtern der Menschheit verkündeten Erklärungen des Lebens verstanden haben und verstehen und durch sie leben, war es immer und ist es die große Mehrzahl von Menschen, die während einer gewissen Periode ihres Lebens, zuweilen auch ihr ganzes Leben hindurch, nur das tierische Leben gelebt haben und leben, nicht nur ohne die Erklärungen zu verstehen, die zur Lösung des Widerspruches des menschlichen Lebens dienen, sondern sogar ohne den Widerspruch, den sie lösen, auch nur zu sehen. Und immer hat es gegeben und gibt es darunter solche Menschen, die infolge ihrer äußeren Ausnahmestellung sich für berufen halten, die Menschheit zu leiten und, ohne den Sinn des menschlichen Lebens zu begreifen, andere Menschen das Leben zu lehren, das sie selbst nicht verstehen, sie zu lehren, daß das menschliche Leben nichts anderes ist als ein persönliches Dasein.

Solche Irrlehrer hat es zu allen Zeiten gegeben und es gibt sie auch heutzutage. Die einen bekennen in Worten die Lehren jener Erleuchter der Menschheit, in deren Überlieferungen sie erzogen sind, verwandeln jedoch, da sie ihren vernünftigen Sinn nicht begreifen, diese Lehren in übernatürliche Offenbarungen des vergangenen und des zukünftigen Lebens der Menschen und verlangen bloß die Erfüllung von Riten. Dies ist die Lehre der Pharisäer im weitesten Sinne, d. h. solcher Leute, die da lehren, daß das an sich unvernünftige Leben durch den Glauben an ein anderes Leben verbessert werden kann, das wiederum durch die Erfüllung äußerer Riten erlangt wird.

Andere, die keine Möglichkeit eines anderen Lebens als des sichtbaren anerkennen, leugnen alle Wunder und alles Übernatürliche und behaupten kühn, das Leben des Menschen sei nichts anderes als seine animalische Existenz von der Geburt bis zum Tode. Dies ist die Lehre der Schriftgelehrten, der Leute, die da lehren, daß es in dem Leben der Menschen als einem animalischen durchaus nichts Unvernünftiges gebe.

Diese sowohl wie jene Irrlehrer waren und sind stets im Streit miteinander, obgleich die Lehren der einen wie der anderen auf ein und demselben groben Nichtbegreifen des Grundwiderspruchs des menschlichen Lebens beruhen. Diese beiden Lehren herrschen in unserer Welt und erfüllen, im steten Kampf miteinander, die Welt mit ihren Streitigkeiten, – indem sie durch diese Streitigkeiten jene Erklärungen des Lebens vor den Menschen verbergen, die den Weg bahnen zum wahren Glück der Menschen und die die Menschen schon vor Jahrtausenden empfangen haben.

Die Pharisäer, die jene Erklärung des Lebens nicht begreifen, die den Menschen durch jene Lehrer in den Überlieferungen gegeben ist, in denen sie erzogen sind, ersetzen sie durch ihre falschen Auslegungen über das zukünftige Leben und bemühen sich gleichzeitig, die Erklärungen des Lebens anderer Erleuchter der Menschheit zu verbergen, indem sie sie ihren Schülern in ihrer gröbsten und grausamsten Verstümmelung darstellen, in der Erwartung, dadurch die ausschließliche Autorität jener Lehre aufrechtzuerhalten, auf welche sie ihre Erklärungen gründen*).

*) Die Einheit des vernünftigen Sinnes der Erklärungen des Lebens, die die anderen Erleuchter der Menschheit

Die Schriftgelehrten hingegen leugnen geradezu, ohne in den pharisäischen Lehren jene vernünftigen Grundlagen, auf denen sie errichtet sind, auch nur zu ahnen, alle Lehren von einem zukünftigen Leben und behaupten kühn, daß alle diese Lehren gar keine Begründung haben und bloß die Überreste der rohen Sitten der Unwissenheit sind, und daß der Fortschritt der Menschheit darin besteht, sich keinerlei Fragen über das Leben zu stellen, die über die Grenzen der animalischen Existenz des Menschen hinausgehen.

---

gegeben haben, erscheint ihnen nicht als der beste Beweis der Wahrhaftigkeit ihrer Lehre, da sie das Vertrauen zu jenen unvernünftigen Falschdeutungen untergräbt, durch die sie den Kern der Lehre ersetzen.

3

Die Verirrungen der Schriftgelehrten

Und merkwürdig! Der Umstand, daß alle Lehren der großen Geister der Menschheit durch ihre Erhabenheit die Menschen derart in Staunen versetzt haben, daß die rohe Masse ihnen größtenteils einen übernatürlichen Charakter beilegte und ihre Begründer als Halbgötter verehrte, – gerade das, was ein Hauptmerkmal der Bedeutung dieser Lehren ist, – eben dieser Umstand ist den Schriftgelehrten der, ihrer Meinung nach, sicherste Beweis der Unrichtigkeit und Rückständigkeit dieser Lehren. Daß die unbedeutenden Lehren des Aristoteles, Bacon, Comte und anderer stets das Erbe einer geringen Anzahl ihrer Schüler und Verehrer geblieben sind und bleiben und ihrer Falschheit wegen nie auf die Massen wirken konnten und deshalb keinen abergläubischen Mißdeutungen und Auswüchsen unterworfen waren, gerade dieses Zeichen ihrer Bedeutungslosigkeit wird als Beweis ihrer Wahrhaftigkeit anerkannt. Die Lehren der Brahmanen dagegen, des Buddha, Zoroaster, Laotse, Konfuzius, Jesaias, Christus gelten als Aberglaube und Verirrungen lediglich deshalb, weil diese Lehren das Leben von Millionen umgestaltet haben.

Daß Milliarden von Menschen nach diesem Aberglauben gelebt haben und leben, weil er selbst in entstelltem Zustand den Menschen Antwort gibt auf die Fragen über das wahre Glück des Lebens; daß jene Lehren von den besten Menschen aller Zeiten nicht nur geteilt worden sind, sondern die Grundlage des Denkens der besten Menschen aller Zeiten bilden, wogegen die von den Schriftgelehrten anerkannten Theorien nur von ihnen selbst geteilt, stets bestritten werden und manchmal kaum ein Jahrzehnt lang leben und ebenso schnell vergessen sind, wie sie entstehen, – das macht sie nicht im mindesten irre.

In nichts äußert sich mit solcher Klarheit die falsche Richtung der Wissenschaft, der die Gesellschaft unserer Zeit folgt, wie in der Stellung, die in dieser Gesellschaft die Lehren jener großen Lehrer des Leben einnehmen, nach denen die Menschheit gelebt und sich gebildet hat und fortfährt zu leben und sich zu bilden. In den Kalendern wird im Teil der statistischen Daten angegeben, daß die Zahl der Religionen, zu denen sich jetzt die Bewohner der Erde bekennen, tausend beträgt. Zu der Zahl dieser Religionen gehören auch der Buddhismus, der Brahmanismus, die Lehre des Konfuzius, der Taoismus und das Christentum. – Tausend Religionen, und die Menschen unserer Zeit glauben ganz aufrichtig daran. Tausend Religionen, – alle sind Unsinn – wozu sie studieren! Und die Menschen unserer Zeit halten es für eine Schande, wenn sie nicht die letzten Aussprüche der Weisheit eines Spencer, eines Helmholtz und anderer kennen; von den Brahmanen dagegen, von Buddha,

Konfuzius, Laotse, Epiktet, Jesaias kennen sie mitunter die Namen, mitunter nicht einmal diese. Es kommt ihnen auch gar nicht in den Sinn, daß es durchaus keine tausend Religionen sind, zu denen sich heute die Menschen bekennen, sondern nur drei: die chinesische, die indische und die jüdisch-christliche (mit ihrem Ableger, dem Islam), und daß man die Bücher dieser Religionen für fünf Rubel kaufen und in zwei Wochen durchlesen kann, und daß in diesen Büchern, nach welchen die ganze Menschheit gelebt hat und jetzt lebt, ausgenommen 0,07 uns fast Unbekannter, die ganze menschliche Weisheit eingeschlossen ist, alles das, was die Menschheit zu dem gemacht hat, was sie ist.

Doch nicht genug, daß die breite Masse diese Lehren nicht kennt, auch die Gelehrten kennen sie nicht, wenn sie nicht gerade zu ihrer Spezialität gehören; die Philosophen halten es von Berufs wegen für überflüssig, einen Blick in diese Bücher zu werfen. Wozu sollte man auch die Männer studieren, die den von dem vernünftigen Menschen erkannten Widerspruch seines Lebens gelöst und das wahre Heil und Leben der Menschen bestimmt haben? Die Schriftgelehrten behaupten kühn, ohne jenen Widerspruch zu begreifen, der die Grundlage des vernünftigen Lebens ausmacht, daß, da sie ihn nicht sehen, auch gar kein Widerspruch da ist, und daß das Leben des Menschen nichts ist als seine animalische Existenz.

Die Sehenden begreifen und erklären, was sie vor sich sehen, – der Blinde tastet mit dem Stock vor sich hin und behauptet, es sei nichts da außer dem, was er durch die Berührung mit seinem Stock erkennen kann.

4

Die Lehre der Schriftgelehrten setzt für den Begriff des gesamten Lebens des Menschen die sichtbaren Erscheinungen seiner animalischen Existenz und schließt von diesen auf den Zweck seines Lebens.

„Das Leben ist das, was in einem lebenden Wesen von seiner Geburt an bis zu seinem Tod vorgeht. Ein Mensch, ein Hund, ein Pferd wird geboren, und jedes hat seinen besonderen Körper und so lebt denn dieser sein besonderer Körper und stirbt dann; der Körper zersetzt sich, geht in andere Wesen über, und das frühere Wesen ist nicht mehr. Das Leben war, das Leben ist aus: schlägt das Herz, atmen die Lungen, löst sich der Körper nicht auf, so lebt der Mensch, der Hund, das Pferd; hat das Herz aufgehört zu schlagen, steht der Atem still, beginnt der Körper sich aufzulösen, so ist er gestorben, das Leben ist aus. Das Leben ist eben das, was in dem Körper des Menschen ebenso wie des Tieres in dem Zeitraum zwischen Geburt und Tod vor sich geht. Was könnte klarer sein?"

Diese Anschauung vom Leben haben die rohesten, unwissendsten Menschen, die sich kaum über das tierische Dasein erheben, immer gehabt und haben sie auch jetzt. Und nun wird in unserer Zeit diese allergröbste, allerprimitivste Anschauung vom Leben von der Lehre der Schriftgelehrten, die sich Wissenschaft nennt, für die einzig wahre gehalten. Diese Irrlehre will, indem sie all die Instrumente des äußeren Willens, die die Menschheit erworben hat, sich zu nutze macht, die Menschen systematisch in jene Finsternis der Unwissenheit zurückführen, aus der sie mit soviel Anstrengung und Mühe sich durch so und so viele Jahrtausende hindurch herausgearbeitet hat.

Das Leben können wir in unserem Bewußtsein nicht erklären. Wir gehen irre, wenn wir es in uns selbst beobachten. Der Begriff von dem Glück, dessen Erstreben in unserem Bewußtsein das Leben ausmacht, ist ein Trugbild, und man kann das Leben in diesem Bewußtsein nicht erkennen. Um das Leben zu begreifen, muß man nur seine Erscheinungen beobachten als die Bewegung der Materie. Nur durch diese Beobachtungen und die aus ihnen abgeleiteten Gesetze werden wir auch das Gesetz des Lebens selbst und das Gesetz des menschlichen Lebens finden*).

---

*) Die echte Wissenschaft, die ihre Stellung und darum auch ihren Gegenstand kennt, die bescheiden und dadurch mächtig ist, hat das nie gesagt und sagt es nicht.

Die Wissenschaft der Physik spricht über die Gesetze und und Beziehungen der Kräfte, ohne sich mit der Frage abzugeben, was eine Kraft ist, und ohne das Wesen der Kraft erforschen zu wollen. Die Wissenschaft der Chemie spricht über die Beziehungen der Materie, ohne sich die Frage zu stellen, was Materie ist, und ohne den Versuch, ihr Wesen zu ergründen; die Wissenschaft der Biologie spricht über die Formen des Lebens, ohne sich um die Frage zu kümmern, was das Leben ist, und ohne den Versuch, sein

Und nun beginnt die falsche Lehre, indem sie an die Stelle des Begriffs des gesamten Lebens, das dem Menschen in seinem Bewußtsein bekannt ist, nur dessen sichtbaren Teil – das tierische Dasein – setzt, diese sichtbaren Erscheinungen zu erforschen, erst im tierischen Menschen, dann in den Tieren überhaupt, dann in den Pflanzen, dann in der Materie, und behauptet dabei fortwährend, sie erforsche nicht einige Erscheinungen des Lebens, sondern das Leben selber. Die Beobachtungen sind so kompliziert, so vielfältig, so verworren, es wird soviel Zeit und Mühe darauf verschwendet, daß die Menschen allmählich den ursprünglichen Irrtum, Teile des Gegenstands für den ganzen Gegenstand zu halten, vergessen und schließlich vollkommen davon überzeugt sind, daß die Erforschung der sichtbaren Eigenschaften der Materie,

---

Wesen zu bestimmen. Und die Kraft und die Materie und das Leben werden von den echten Wissenschaften nicht als Gegenstände der Forschung betrachtet, sondern als, in anderen Wissensgebieten für Axiome geltende Stützpunkte, auf denen das Gebäude jeder einzelnen Wissenschaft aufgerichtet wird. So betrachtet die echte Wissenschaft ihren Gegenstand, und diese Wissenschaft kann keinen schädlichen, zur Unwissenheit führenden Einfluß auf die Menge haben. Aber gar nicht so sieht seinen Gegenstand pseudophilosophische Wissenschaft. „Wir studieren die Materie und die Kraft und das Leben; und wenn wir sie studieren, können wir sie auch kennen lernen, –" sagen sie, ohne zu bedenken, daß nicht die Materie, nicht die Kraft, nicht das Leben, sondern nur deren Beziehungen und Formen der Gegenstand ihres Studiums sind.

der Pflanzen und der Tiere die Erforschung des Lebens selbst ist, jenes Lebens, das der Mensch nur in seinem Bewußtsein erkennt.

Das erinnert an einen Menschen, der Schattenbilder vorführt und die Täuschung aufrecht erhalten möchte, in der sich seine Zuschauer befinden.

„Seht nirgends hin – sagt er – als auf die Stelle, auf der die Bilder erscheinen, und vor allem seht den Gegenstand selbst nicht an; es ist ja auch gar kein Gegenstand da, sondern nur sein Widerschein."

Ganz so geht die der unwissenden Menge fröhnende falsche Wissenschaft der Schriftgelehrten unserer Zeit zu Werke, indem sie das Leben betrachtet ohne seine grundlegende Bestimmung, sein Streben nach dem Glück, das nur dem Bewußtsein des Menschen offenbar ist*).

Indem sie direkt von der Erklärung des Lebens, unabhängig von dem Streben nach dem Glück, ausgeht, beobachtet die falsche Wissenschaft die Ziele der lebenden Wesen, und da sie bei ihnen Ziele findet, die dem Menschen fremd sind, zwingt sie diese auch ihm auf.

Bei dieser äußeren Beobachtung erscheint als Zweck der lebenden Wesen die Erhaltung ihrer Persönlichkeit, die Erhaltung ihrer Art, die Wiedererzeugung ihres Gleichen und der Kampf um das Dasein, und gerade dieser eingebildete Zweck

---

*) S. Anhang I. am Ende des Buches: Über die falsche Erklärung des Lebens.

des Lebens wird auch dem Menschen aufgezwungen.

Die falsche Wissenschaft, die zu ihrem Ausgangspunkt die rückständige Vorstellung vom Leben gemacht hat, bei der jener Widerspruch des menschlichen Lebens, der seine Haupteigenschaft bildet, nicht sichtbar wird – diese vermeintliche Wissenschaft gelangt in ihren letzten Schlüssen zu dem, was die rohe Mehrzahl der Menschheit verlangt, – sie gelangt dazu, die Möglichkeit des Glückes eines rein persönlichen Lebens anzuerkennen, sie gelangt dazu, das Glück des Menschen in dem rein tierischen Dasein anzunehmen.

Die falsche Wissenschaft geht sogar weiter, als die Forderungen der rohen Menge, für die sie eine Erklärung finden will; sie kommt zu der Bestätigung dessen, was das vernünftige Bewußtsein des Menschen von seinem ersten Aufleuchten an verwirft, sie kommt zu der Schlußfolgerung, daß das Leben des Menschen, wie das eines jeden Organismus, in dem Kampf um die Existenz der Persönlichkeit, der Gattung und der Form besteht*).

*) S. Anhang II.

5

Die Irrlehren der Pharisäer und Schriftgelehrten geben weder Erklärungen für den Sinn des wirklichen Lebens, noch eine Anleitung zu diesem; als einzige Anleitung des Lebens erscheint das Beharrungsvermögen (Inertie) des Lebens, für das es eine vernünftige Erklärung nicht gibt.

„Es ist unnütz, das Leben zu erklären; jeder kennt es, das ist alles, und nun lasset uns leben", sprechen in ihrer Verirrung die Menschen, die sich auf die falschen Lehren stützen. Und da sie nicht wissen, was das Leben und was das Wohl des Lebens ist, glauben sie zu leben, – wie ein Mensch, der von den Wellen ohne bestimmte Richtung fortgetragen wird, glauben kann, daß er gerade in die Richtung schwimmt, die er braucht und die er meint.

Es wird ein Kind geboren – in Dürftigkeit oder Überfluß – und erhält eine pharisäische oder schriftgelehrte Erziehung. Für das Kind, für den Jüngling gibt es noch keinen Widerspruch des Lebens und keine Frage nach dem Leben; es braucht daher weder die Erklärung der Pharisäer, noch die Erklärung der Schriftgelehrten, die folglich sein Leben nicht leiten können. Er lernt bloß durch das Beispiel der Menschen, die in seiner Umgebung leben, und dieses Beispiel, ob der Pharisäer oder der Schriftgelehrten, ist immer dasselbe; die einen wie die anderen leben nur für das Wohl des persönlichen Lebens und lehren ihn das Gleiche.

Wenn seine Eltern in Not sind, wird er von ihnen erfahren, daß der Zweck des Lebens darin besteht – möglichst viel Brot und Geld zu erwerben und dabei möglichst wenig Arbeit zu leisten, damit es der tierischen Persönlichkeit möglichst gut gehe. Ist er im Überfluß geboren, so wird er erfahren, daß der Zweck des Lebens in Reichtum und Ehren besteht, damit man die Zeit möglichst angenehm und vergnügt verbringen könne.

Alle Kenntnisse, die der Arme erlangt, braucht er nur, um das Wohlbefinden seiner Persönlichkeit zu verbessern. Alle Kenntnisse der Wissenschaft und der Künste, die der Reiche erwirbt, braucht er, trotz aller großen Worte über die Bedeutung der Wissenschaft und der Künste nur, um die Langeweile zu bekämpfen und die Zeit angenehm zu verbringen. Je länger der eine wie der andere lebt, um so tiefer befestigt sich in ihnen die herrschende Anschauung der Gesellschaft. Sie heiraten, gründen eine Familie, und die Gier nach dem Erwerb der Güter des tierischen Lebens wird durch die Anforderungen der Familie verstärkt; der Kampf gegen die anderen wird erbitterter, und es entwickelt sich immer mehr die Gewohnheit (Inertie), bloß für das Wohl der Persönlichkeit zu leben.

Wenn auch manchmal dem einen oder dem anderen, einem Armen oder einem Reichen, ein Zweifel an der Vernünftigkeit eines solchen Lebens kommen mag, wenn vor dem einen wie vor dem anderen die Frage auftauchen mag: wozu dieser zwecklose Kampf um das Dasein, den meine Kinder fortsetzen werden, oder wozu diese trügerische Jagd nach Genüssen, die für mich und meine Kinder in Leiden enden, so ist es doch fast ganz unwahrscheinlich, daß er jene Erklärungen des Lebens kennen lernen sollte, die der Menschheit längst von ihren großen Lehrern gegeben worden sind, als sie sich vor Jahrtausenden in der gleichen Lage befand. Die Lehren der Pharisäer und Schriftgelehrten verschleiern sich so dicht, daß nur selten einer sie zu sehen vermag. Die einen – die Pharisäer – antworten auf die Frage: „wozu dieses armselige Leben?" – : „Das Leben ist armselig, ist es von jeher gewesen und muß es sein; das Glück des Lebens liegt nicht in seiner Gegenwart, sondern in seiner Vergangenheit – dem Leben vorher – und in seiner Zukunft – dem Leben nachher." Und die brahmanischen, die buddhistischen, die den Lehren des Laotse anhängenden, die jüdischen und die christlichen Pharisäer sagen immer ein und dasselbe. Das gegenwärtige Leben ist ein Übel, und die Erklärung dieses Übels liegt in der Vergangenheit – in der Entstehung der Welt und des Menschen; die Wendung aber des hier bestehenden Übels zum Guten liegt in der Zukunft, jenseits des Grabes. Alles, was der Mensch zur Erlangung des Heiles nicht in dieser, sondern in jener Welt tun kann, ist, daß er an die Lehre glaubt, die wir euch lehren, daß er die Riten vollzieht, die wir vorschreiben.

Und der Zweifelnde, der an dem Leben all der um ihr persönliches Wohl besorgten Menschen, wie an dem Leben der ebenso darum besorgten Pharisäer das Unwahre dieser Erklärung sieht, glaubt ihnen einfach nicht, ohne sich weiter in den Sinn ihrer Antwort zu vertiefen, und wendet sich an die Schriftgelehrten.

„Alle Lehren über irgend ein anderes Leben außer dem, das wir im animalischen Dasein sehen, ist die Frucht der Unwissenheit", sagen die Schriftgelehrten. „Alle deine Zweifel an der Vernünftigkeit deines Lebens sind müßige Träume. Das Leben der Welten, der Erde, des Menschen, des Tieres, der Pflanze hat seine Gesetze, und die erforschen wir; wir erforschen die Entstehung der Welten und des Menschen, der Tiere und Pflanzen und der ganzen Materie; wir erforschen auch das, was den Welten bevorsteht, die Erkaltung der Sonne und dergleichen, und was mit dem Menschen und mit jedem Tier und jeder Pflanze gewesen ist und sein wird. Wir können zeigen und beweisen, daß alles so war und sein wird, wie wir es sagen; außerdem tragen unsere Forschungen zur Verbesserung des Wohlstandes der Menschen bei. Über dein Leben hingegen mit seinem Streben nach dem Wohl können wir dir nichts sagen außer dem, was du selbst weißt: du lebst darum lebe so gut als möglich."

Und der Zweifelnde, der auf seine Fragen weder von den einen noch von den anderen irgendeine Antwort bekommen hat, bleibt, wie er früher war, ohne jegliche Richtschnur im Leben, außer den Antrieben seiner Persönlichkeit.

Die einen von den Zweifelnden, die nach Pascals Betrachtung sich sagen: „wie aber, wenn das alles wahr ist, womit die Pharisäer uns für die Nichterfüllung ihrer Vorschriften schrecken?" erfüllen in ihrer freien Zeit alle Vorschriften der Pharisäer (verlieren wird man dabei nichts, gewinnen aber kann man viel); andere wiederum leugnen geradezu in Übereinstimmung mit den Schriftgelehrten alles andere Leben und lehnen alle religiösen Gebräuche ab und fragen sich: nicht ich allein, sondern alle haben so gelebt und leben so, – was sein wird, wird sein. Und dieser Unterschied gibt weder den einen noch den anderen irgendeinen Vorteil: beide bleiben ohne jegliche Erklärung des Sinnes ihres wirklichen Lebens.

Leben aber muß man.

Das menschliche Leben ist eine Reihe von Handlungen vom Aufstehen bis zum Schlafengehen; jeden Tag muß der Mensch unaufhörlich aus hunderten für ihn möglicher Handlungen diejenigen auswählen, die er vollbringen will. Weder die Lehre der Pharisäer, die die Wunder des himmlischen Lebens erklärt, noch die Lehre der Schriftgelehrten, die die Entstehung der Welten und des Menschen erforscht und einen Schluß auf ihr zukünftiges Schicksal zieht, gibt eine Anleitung für die Handlungen. Ohne eine Anleitung aber für die Wahl seiner Handlungen kann der Mensch nicht leben. Und hier nun unterwirft sich der

Mensch, er mag wollen oder nicht, nicht der Überlegung, sondern jener äußeren Anleitung des Lebens, die stets bestanden hat und besteht in jeder menschlichen Gemeinschaft.

Für diese Anleitung gibt es gar keine vernünftige Erklärung, und doch ist sie es, die die überwältigende Mehrzahl der Handlungen aller Menschen lenkt. Diese Anleitung ist die Gewohnheit des Lebens der menschlichen Gemeinschaften, die um so mächtiger über die Menschen herrscht, je weniger Verständnis die Menschen für den Sinn ihres Lebens besitzen. Diese Anleitung kann nicht klar bestimmt werden, weil sie aus den Taten und Handlungen besteht, die je nach Zeit und Ort außerordentlich verschieden sind; als da sind: die Lichtchen auf den Brettern der Eltern für die Chinesen; die Wallfahrt zu ganz bestimmten Orten für den Mohammedaner; eine bestimmte Anzahl von Gebetsworten für den Inder; die Treue zur Fahne und die Ehre des Waffenrocks für den Soldaten, das Duell für den Mann von Welt, die Blutrache für den Bergbewohner; bestimmte Speisen an bestimmten Tagen, eine bestimmte Art seine Kinder zu erziehen; die Besuche, eine bestimmte Einrichtung der Wohnungen, eine bestimmte Feier bei Beerdigungen, Geburten und Hochzeiten; eine zahllose Menge von Taten und Handlungen, die das ganze Leben ausfüllen. Es ist das was man Anstand, Sitte, am häufigsten Pflicht nennt, sogar heilige Pflicht.

Dies also ist die Anleitung, der sich die Mehrzahl der Menschen, trotz der Lebenserklärungen der Pharisäer und Schriftgelehrten, unterwirft. Überall sieht der Mensch von Kindheit an Menschen um sich, die voller Überzeugung und äußerer Feierlichkeit diese Handlungen vollziehen, und da er keinerlei vernünftige Erklärung seines Lebens besitzt, gewöhnt der Mensch sich nicht nur daran, dieselben Handlungen zu begehen, sondern bemüht sich noch, diesen Handlungen einen vernünftigen Sinn zuzuschreiben. Er möchte gern glauben, daß die Menschen, die solche Handlungen vollziehen, eine Erklärung dafür besitzen, wozu und weshalb sie das tun, was sie tun. Und er redet sich allmählich selbst ein, daß diese Handlungen einen vernünftigen Sinn haben, und daß die Erklärung ihres Sinnes, sei sie auch ihm selbst nicht vollständig bekannt, doch den anderen Menschen bekannt ist. Die Mehrzahl der anderen Menschen aber, die gleichfalls keine vernünftige Erklärung des Lebens besitzen, befindet sich genau in derselben Lage wie er. Sie vollziehen diese Handlungen nur, weil sie meinen, die anderen, die eine Erklärung dieser Handlungen besitzen, verlangten es von ihnen. Und so gewöhnen sich die Menschen, indem sie unwillkürlich einander täuschen, nicht nur mehr und mehr daran, Handlungen zu vollziehen, die keine vernünftige Erklärung haben, sie gewöhnen sich auch daran, diesen Handlungen einen gewissen geheimnisvollen, für sie selbst unverständlichen Sinn zuzuschreiben. Und je weniger sie den Sinn der von ihnen vollzogenen Handlungen verstehen, je zweifelhafter für sie selbst diese

Handlungen sind, um so größere Wichtigkeit legen sie ihnen bei und mit um so größerer Feierlichkeit führen sie sie aus. Der Arme wie der Reiche vollführen das, was andere um sie her tun, und nennen diese Handlungen ihre Pflicht, ihre heilige Pflicht, und geben sich zufrieden mit dem Gedanken, daß etwas, was seit seit so langer Zeit und von einer so großen Zahl von Menschen getan und von ihnen so hochgehalten wird, nichts anderes als die wahre Aufgabe des Lebens sein kann. Und bis ins tiefste Alter hinein, bis zum Tode leben die Menschen in dem steten Bemühen, zu glauben, daß, wenn auch sie selbst nicht wissen, wozu sie leben, es doch die anderen wissen, – jene anderen, die es ebensowenig wissen wie die, die sich auf sie verlassen.

Neue Menschen treten ins Leben, sie werden geboren und wachsen heran, und wenn sie dieses Possenspiel des Daseins, das man Leben nennt, betrachten, an dem alte, greise, ehrbare, von Hochachtung umgebene Leute teilnehmen, gewinnen sie die Überzeugung, daß gerade dieses sinnlose Gewühl das Leben ist, und daß es gar kein anderes Leben gibt, und treten ab, nachdem sie sich an der Pforte des Lebens eine Weile herumgestoßen haben. So geht jemand, der nie eine Versammlung von Menschen gesehen hat, wenn er eine drängende, lärmende, lebendige Menge am Eingang erblickt und zu der Auffassung kommt, daß dies gerade die Versammlung sei, nachdem er sich eine Weile an der Türe herumgestoßen hat, mit zerquetschten Hüften wieder nach Hause und ist fest davon überzeugt, er sei in der Versammlung gewesen.

Wir durchschneiden Berge, wir umfliegen den Erdball; die Elektrizität, das Mikroskop, das Telefon, die Kriege, das Parlament, die Philantropie, der Kampf der Parteien, die Universitäten, die gelehrten Gesellschaften, die Museen – ist das nicht das Leben?

Das ganze komplizierte, fieberhafte Getue der Menschen mit ihrem Handel, ihren Kriegen, ihrem Verkehr, ihrer Wissenschaft, ihren Künsten, ist zum größeren Teil nur das Gedränge einer verrückten Menge an der Pforte des Lebens.

6
Der Zwiespalt des Bewußtseins bei den Menschen unserer Welt

„Wahrlich, wahrlich, ich sage euch: Es kommt die Stunde und sie ist schon da, daß die Toten werden die Stimme des Sohnes Gottes hören; und die sie hören werden, die werden leben." – Und diese Stunde kommt heran. Wie sehr sich der Mensch auch einreden mag, und wie sehr ihn andere zu der Auffassung überreden möchten, daß das Leben nur jenseits des Grabes oder bloß das persönliche Leben gut und vernünftig sein kann, – der Mensch kann daran nicht glauben. Der Mensch hat in der Tiefe seiner Seele das unaustilgbare Verlangen danach, daß sein Leben ein Glück für ihn sei und einen vernünftigen Sinn habe; ein Leben aber, das kein anderes Ziel vor sich hat als das Leben jenseits des Grabes oder das unmögliche Wohl der Person, ist ein Übel und eine Sinnlosigkeit.

Leben um eines zukünftigen Lebens willen? sagt sich der Mensch. Wenn aber dieses Leben, dieses einzige Stückchen Leben, das ich kenne, – mein jetziges Leben – sinnlos sein muß, so überzeugt mich das durchaus nicht von der Möglichkeit eines anderen vernünftigen Lebens, es überzeugt mich vielmehr davon, daß das Leben seinem

Wesen nach sinnlos ist und das es gar kein anderes als ein sinnloses Leben geben kann.

Leben um meiner selbst willen? Aber mein persönliches Leben ist ein Übel und eine Sinnlosigkeit. Leben für die Familie? Für die Gemeinschaft? Für das Vaterland, ja sogar für die Menschheit? Wenn aber das Leben meiner Person armselig und sinnlos ist, so ist das Leben jeder anderen menschlichen Person ebenso sinnlos, und darum wird eine unzählige Menge sinnloser und unvernünftiger Personen zusammengenommen noch nicht ein einziges glückliches und vernünftiges Leben ausmachen. Für mich selbst leben, ohne zu wissen wozu, und das tun, was die anderen tun? Aber ich weiß ja, daß die anderen ebenso wie ich selbst nicht wissen, wozu sie das tun, was sie tun.

Es kommt eine Zeit, wo das vernünftige Bewußtsein über die falschen Lehren hinauswächst, und der Mensch inmitten des Lebens inne hält und nach Aufklärung verlangt*).

Nur ein selten anzutreffender Mensch, der in keinerlei Beziehungen zu Menschen anderer Lebensformen steht, und nur ein Mensch, der fortwährend von dem angestrengten Kampf mit der Natur zur Aufrechterhaltung seiner körperlichen Existenz in Anspruch genommen ist, kann daran glauben, daß der Vollzug jener sinnlosen Handlungen, die er seine Pflicht nennt, die ihm angeborene Pflicht seines Lebens sein kann.

---

*) S. Anhang III am Ende des Buches.

Es kommt die Zeit, und sie ist schon da, wo die Täuschung, welche die – den Worten nach – Verneinung dieses Lebens, zum Zweck der Schaffung eines zukünftigen, und die Anerkennung der bloßen tierischen persönlichen Existenz für das Leben und der sogenannten Pflicht für das Werk des Lebens ausgibt, – wo diese Täuschung der Mehrzahl der Menschen klar wird und wo nur noch durch die Not verdummte und durch ein wüstes Leben abgestumpfte Menschen existieren können, ohne die Sinnlosigkeit und Armseligkeit ihres Daseins zu empfinden.

Immer öfter erwachen die Menschen zum vernünftigen Bewußtsein, sie werden lebendig in ihren Särgen, – und der fundamentale Widerspruch des menschlichen Lebens erhebt sich, trotz aller Bemühungen der Menschen, ihn vor sich selbst zu verbergen, mit erschreckender Kraft und Klarheit vor der Mehrzahl der Menschen.

„Mein ganzes Leben besteht in dem Wunsch nach meinem Glück", sagt sich der erwachte Mensch, „meine Vernunft aber sagt mir, dieses Glück könne für mich nicht da sein und, was ich auch tun und was ich auch erringen mag, alles werde für mich das gleiche Ende haben: Leiden, Tod, Vernichtung. Ich will Glück, ich will Leben, ich will einen vernünftigen Sinn, – in mir aber und in allem, was mich umringt, gibt es nur Übel, Tod, Sinnlosigkeit. Wie nun? Wie leben? Was tun?" – Und es gibt keine Antwort.

Der Mensch schaut um sich und sucht nach einer Antwort auf seine Frage und findet sie nicht. Wohl findet er um sich her Lehren, die ihm Fragen, die er sich gar nicht stellt, beantworten, aber eine Antwort auf die Frage, die er sich stellt, gibt es nicht ringsumher in aller Welt. Es gibt nur das eitle Treiben der Menschen, die, ohne selbst zu wissen warum, Dinge tun, die auch die anderen tun, ohne zu wissen, warum.

Alle leben, als ob sie sich der Armseligkeit und der Sinnlosigkeit ihrer Tätigkeit nicht bewußt wären. Entweder sind sie verrückt oder ich bin es, safgt sich der erwachte Mensch. Es können aber nicht alle verrückt sein, folglich bin ich es. Doch nein, – dieses vernünftige Ich, das mir das sagt, kann nicht verrückt sein. Mag es allein stehen wider die ganze Welt, ich muß ihm glauben.

Und der Mensch wird sich bewußt, daß er in der ganzen Welt allein dasteht mit jenen schrecklichen Fragen, die seine Seele zerreißen. Aber leben muß er.

Das eine Ich, seine Persönlichkeit, gebietet ihm zu leben.

Das andere Ich, seine Vernunft, sagt: „man kann nicht leben".

Der Mensch fühlt, daß ein Zwiespalt in sein Inneres gedrungen ist. Dieser Zwiespalt zerreißt ihm qualvoll die Seele.

Und als Ursache dieses Zwiespalts und dieses Leidens erscheint ihm seine Vernunft.

Die Vernunft, diese höchste Fähigkeit des Menschen, die für sein Leben unentbehrlich ist, die ihm, dem nackten, hilflosen Menschen, inmitten der ihn vernichtenden Naturkräfte, die Mittel zur Existenz und die Mittel zum Genuß gibt, eben diese Fähigkeit vergiftet sein Leben.

In der ganzen uns umgebenden Welt, inmitten lebender Wesen, brauchen diese Wesen die ihnen eigenen Fähigkeiten, sie sind ihnen allen gemeinsam und tragen zu ihrem Wohl bei. Die Pflanzen, die Insekten, die Tiere, alle leben, indem sie sich ihrem Gesetz unterwerfen, ein glückliches, frohes, ruhiges Leben. Und in dem Menschen bringt diese höchste Eigenschaft seiner Natur plötzlich einen so qualvollen Zustand hervor, daß der Mensch oft – in der letzten Zeit immer öfter – den Gordischen Knoten seines Lebens durchhaut, sich tötet, nur um sich von dem in unserer Zeit bis auf das Äußerste gesteigerten quälenden inneren Widerspruch zu befreien, den das vernünftige Bewußtsein geweckt hat.

7

Der Zwiespalt des Bewußtseins entsteht aus der Verwechslung des tierischen Lebens mit dem menschlichen.

Nur deshalb glaubt der Mensch, daß das in ihm erwachte vernünftige Bewußtsein sein Leben zerreißt und hemmt, weil er das als sein Leben begreift, was nicht sein Leben war, noch ist, noch sein kann.

Erzogen und aufgewachsen in den falschen Lehren unserer Welt, die ihn in der Überzeugung bestärkt haben, daß das Leben nichts anderes ist als seine persönliche Existenz, die mit seiner Geburt begonnen hat, glaubt der Mensch, er habe gelebt, während er ein Säugling, während er ein Kind war; später glaubt er, er habe unaufhörlich gelebt, als Jüngling und als Mann. Er glaubt, seit langem und die ganze Zeit hindurch unaufhörlich gelebt zu haben; nun gelangt er plötzlich zu einem Momente, wo es ihm zweifellos klar wird, daß man so, wie er früher gelebt hat, nicht leben kann und daß sein Leben behindert und zerrissen wird.

Die falsche Lehre hat ihn in dem Gedanken bestärkt, daß sein Leben die Zeitperiode von seiner Geburt bis zu seinem Tode ist; und indem er das sichtbare Leben der Tiere betrachtet, hat er die Vorstellung von dem sichtbaren Leben mit seinem Bewußtsein verwechselt und ist ganz zu der Überzeugung gekommen, daß dieses ihm sichtbare Leben auch wirklich sein Leben ist.

Das in ihm erwachte vernünftige Bewußtsein zeigt ihm, indem es Forderungen stellt, denen das tierische Leben nicht genügen kann, das Irrige seiner Vorstellung vom Leben; aber die tief eingewurzelte falsche Lehre hindert ihn daran, seinen Irrtum einzugestehen; er kann sich nicht von seiner Vorstellung des Lebens als einer tierischen Existenz lossagen, und er hat die Empfindung, als sei sein Leben durch das Erwachen des vernünftigen Bewußtseins ins Stocken geraten. Das aber, was er sein Leben nennt, das, was ins Stocken geraten zu sein scheint, hat nie existiert. Das, was er sein Leben nennt, seine Existenz von der Geburt an, ist nie sein Leben gewesen; seine Vorstellung, daß er die ganze Zeit von seiner Geburt bis zum gegenwärtigen Augenblick gelebt habe, ist eine Täuschung des Bewußtseins, ähnlich der Täuschung des Bewußtseins bei Träumen: bis zum Augenblick des Erwachens waren keine Träume da, sie haben sich alle in den Moment des Erwachens gebildet. Bis zum Erwachen des vernünftigen Bewußtseins war kein Leben da, die Vorstellung von dem vergangenen Leben ist beim Erwachen des vernünftigen Bewußtseins entstanden.

Der Mensch hat während seiner Kindheit wie ein Tier gelebt und hat nichts vom Leben gewußt. Hätte der Mensch nur zehn Monate lang gelebt, so hätte er weder von seinem eigenen Leben, noch von irgend einem anderen Leben etwas gewußt, er hätte eben so wenig vom Leben gewußt, als wenn er im Mutterleibe gestorben wäre. Und nicht nur das Kind, auch der unvernünftige Erwachsene und der vollständige Idiot können nichts davon wissen, daß sie leben und daß andere Wesen leben. Und deshalb haben sie auch kein menschliches Leben.

Das menschliche Leben beginnt erst mit dem Erwachen des vernünftigen Bewußtseins, des Bewußtseins, das dem Menschen gleichzeitig sein Leben in der Gegenwart wie in der Vergangenheit und das Leben anderer Personen offenbart, und alles, was unvermeidlich aus den Beziehungen dieser Personen entsteht, nämlich Leiden und Tod, desselben Bewußtseins, das in ihm die Ablehnung des Wohles des persönlichen Lebens hervorbringt und den Widerspruch, der, wie er meint, sein Leben hemmt.

Der Mensch will sein Leben durch die Zeit bestimmen, so wie er alles ihm sichtbare Dasein außerhalb seines Ichs dadurch bestimmt, und plötzlich erwacht in ihm ein Leben, das nicht mit der Zeit seiner leiblichen Geburt zusammenfällt, und er will nicht glauben, daß das, was nicht durch die Zeit bestimmt wird, Leben sein kann. Wie sehr aber der Mensch auch in der Zeit nach dem Punkte suchen mag, von dem aus er den Anfang seines vernünftigen Lebens rechnen könnte, er wird ihn nimmer finden.*)

*) Man kann alle Tage Betrachtungen hören über die Entstehung und Entwicklung des menschlichen Lebens

In seiner Erinnerung wird er diesen Punkt, diesen Anfang seines vernünftigen Bewußtseins nie finden. Ihm kommt es so vor, als wäre dieses vernünftige Bewußtsein immer in ihm gewesen. Wenn er aber auch etwas dem Anfang dieses Bewußtseins Ähnliches findet, so findet er es keineswegs in seiner leiblichen Geburt, sondern in einer Sphäre, die nichts mit dieser leiblichen Geburt gemein hat. Er erkennt seine vernünftige Abstammung als eine durchaus andere, als seine leibliche

---

und des Lebens überhaupt – in der Zeit. Die Leute, die so urteilen, meinen, sie stünden auf dem festen Boden der Wirklichkeit, und dennoch gibt es nichts Phantstischeres als Betrachtungen über die Entwicklung des Lebens in der Zeit. Diese Betrachtungen erinnern an einen Menschen, der die Länge einer Linie bestimmen wollte und das Maß nicht an dem einen ihm bekannten Punkt, auf dem er steht, anlegen würde, sondern auf der unendlichen Linie in verschiedenen für ihn unbestimmten Entfernungen eingebildete Punkte nehmen und von diesen aus den Raum bis zu sich ausmessen würde. Handeln die Menschen nicht ganz genauso, wenn sie über die Entstehung und Entwicklung des Lebens im Menschen sprechen? In der Tat, wo soll man auf dieser endlosen Linie, als welche die Entwicklung des Lebens des Menschen – aus der Vergangenheit heraus – sich darstellt, jenen willkürlichen Punkt annehmen, von dem aus man die phantastische Geschichte der Entwicklung dieses Lebens anfangen könnte: in der Geburt oder in der Zeugung des Kindes oder seiner Eltern oder noch weiter zurück, in dem ursprünglichen Tiere, im Protoplasma, in dem ersten von der Sonne abgelösten Stück? Alle diese Betrachtungen werden ja die willkürlichsten Phantasien sein – ein Messen ohne Maß.

Geburt. Wenn der Mensch sich nach der Entstehung seines vernünftigen Bewußtseins fragt, stellt er sich niemals vor, daß er als vernünftiges Wesen der Sohn seines Vaters, seiner Mutter und der Enkel seiner in diesem oder jenem Jahre geborenen Großeltern ist, er erkennt sich niemals als einen „Sohn", sondern als in eins verschmolzen mit dem Bewußtsein vernünftiger Wesen, die nach Zeit und Ort ihm gänzlich fremd sind, die dereinst vor Jahrtausenden an einem anderen Ende der Welt gelebt haben mögen. In seinem vernünftigen Bewußtsein sieht der Mensch nicht einmal die Entstehung seines Ichs, sondern er erkennt seine außerhalb der Zeit und des Raumes liegende Verschmelzung mit anderen vernünftigen Wesen, so daß diese in ihn übergehen und er in sie. Dieses in dem Menschen erwachte vernünftige Bewußtsein ist es auch, das jenes Scheinleben gleichsam behindert, das von irrenden Menschen für das Leben gehalten wird; die irrenden Menschen meinen, ihr Leben gerate just in dem Moment ins Stocken, in dem es erwacht.

8

Es existiert kein Zwiespalt und kein Widerspruch; nur der Irrlehre scheint er zu existieren.

Nur die Irrlehre vom menschlichen Leben als animalischer Existenz von der Geburt bis zum Tod, in der die Menschen erzogen und gehalten werden, bringt jenen quälenden Zustand des Zwiespalts hervor, in den die Menschen geraten, sobald ihr vernünftiges Bewußtsein sich ihnen offenbart.

Der Mensch, der in diesem Irrtum befangen ist, glaubt, es spalte sich das Leben in ihm.

Der Mensch weiß, daß sein Leben ein einziges ist, er empfindet es aber als ein doppeltes. Wenn ein Mensch zwei Finger übereinander legt und zwischen ihnen ein Kügelchen rollt, so weiß er, daß es ein einziges Kügelchen ist, und doch fühlt er deren zwei. Etwas Ähnliches geschieht mit dem Menschen, der sich die falsche Vorstellung vom Leben angeeignet hat.

Die Vernunft des Menschen hat eine falsche Richtung eingeschlagen. Man hat ihn gelehrt, nur seine leibliche, persönliche Existenz, die nicht das Leben sein kann, als das Leben zu begreifen.

Mit einer solchen falschen Vorstellung von einem eingebildeten Leben hat er das Leben betrachtet und hat deren zwei gesehen, – das, das er sich eingebildet hat, und das, was wirklich ist.

Ein solcher Mensch meint, die Ablehnung des Glückes der persönlichen Existenz durch das vernünftige Bewußtsein und das Verlangen nach einem anderen Glück sei etwas Krankhaftes und Unnatürliches.

Für den Menschen aber, als vernünftigem Wesen, ist die Ablehnung der Möglichkeit eines persönlichen Glückes und Lebens die unvermeidliche Folge der Bedingungen des persönlichen Lebens und der mit ihm verbundenen Eigentümlichkeit des vernünftigen Bewußtsein. Die Ablehnung des Glückes und Lebens der Person ist für ein vernünftiges Wesen eine ebenso natürliche Eigenschaft seines Lebens, wie für den Vogel das Fliegen natürlich ist und nicht das Laufen. Wenn aber der noch nicht flügge gewordene Nestling läuft, so beweist das nicht, daß nicht das Fliegen ihm eigen wäre. Wenn wir außerhalb von uns Menschen mit unerwachtem Bewußtsein sehen, die ihr Leben in dem Wohlergehen ihrer Person wähnen, so beweist das nicht, daß es dem Menschen nicht eigen wäre, ein vernünftiges Leben zu leben. Das Erwachen des Menschen zu seinem wahren ihm eigenen Leben geht in unserer Zeit nur deshalb mit so krankhafter Anstrengung vor sich, weil die falsche Lehre der Welt die Menschen zu überzeugen trachtet, daß das Trugbild des Lebens das Leben selbst und die Offenbarung des wahren Lebens eine Störung sei.

Mit dem in das wahre Leben eintretenden Menschen geht in unserer Welt etwas Ähnliches vor, wie mit einem Mädchen, vor dem die Eigenschaften der Frau verborgen werden. Ein solches Mädchen würde, wenn sie die Anzeichen der geschlechtlichen Reife verspürt, den Zustand, der sie zum künftigen Familienleben mit Mutterpflichten und -freuden beruft, für einen krankhaften und unnatürlichen Zustand halten, der sie zur Verzweiflung bringen würde.

Eine ähnliche Verzweiflung erfahren die Menschen unserer Welt bei den ersten Anzeichen des Erwachens zum wahren menschlichen Leben.

Ein Mensch, in dem das vernünftige Bewußtsein erwacht ist, der aber zu gleicher Zeit sein Leben als ein bloß persönliches auffaßt, befindet sich in demselben quälenden Zustand, in dem ein Tier sich befinden würde, das die Bewegung der Materie als sein Leben begreifen und das Gesetz seiner Persönlichkeit nicht anerkennen würde, sondern sein Leben nur in der Unterwerfung seiner selbst unter die Gesetze der Materie sehen wollte, die sich auch ohne sein Zutun vollziehen. Ein solches Tier würde einen quälenden inneren Widerspruch und Zwiespalt erleiden. Indem es sich nur den Gesetzen der Materie unterwerfen würde, würde es sein Leben darin sehen, zu liegen und zu atmen, seine Persönlichkeit aber würde anderes von ihm verlangen: die Ernährung seiner selbst, die Fortpflanzung seiner Gattung, – und da würde das Tier Zwiespalt und Widerspruch zu erleiden glauben. „Das Leben", würde es denken,

„besteht darin, sich den Gesetzen der Schwerkraft zu unterwerfen, d.h. sich nicht zu bewegen, zu liegen und sich den im Körper sich vollziehenden chemischen Prozessen zu unterwerfen; das tue ich nun, und dennoch muß ich mich bewegen, muß mich ernähren, muß ein Männchen oder Weibchen suchen."

Das Tier würde leiden und würde in diesem Zustand einen quälenden Widerspruch und Zwiespalt sehen. Dasselbe geht mit dem Menschen vor, der angeleitet worden ist, das niedrigste Gesetz seines Lebens, die tierische Persönlichkeit, als das Gesetz seines Lebens zu begreifen. Das höchste Gesetz seines Lebens, das Gesetz seines vernünftigen Bewußtseins, verlangt von ihm anderes, das ganze ihn umgebende Leben dagegen und die falschen Lehren halten ihn in dem trügerischen Bewußtsein fest, und er empfindet den Widerspruch und den Zwiespalt.

Wie aber das Tier, wenn es aufhören soll zu leiden, nicht das niedrigste Gesetz der Materie, sondern das Gesetz seiner Persönlichkeit als sein Gesetz anerkennen muß, wie es dieses erfüllen und die Gesetze der Materie benutzen muß, um die Ziele seiner Persönlichkeit zu erreichen, ebenso ist es für den Menschen nur notwendig, sein Leben nicht in dem niedrigsten Gesetz der Persönlichkeit, sondern in dem höchsten Gesetz zu begreifen, das das erste Gesetz mit einschließt, nämlich in dem ihm in seinem vernünftigen Bewußtsein geoffenbarten Gesetz – und der Widerspruch wird sich lösen, die Persönlichkeit wird sich frei dem vernünftigen Bewußtsein unterordnen und ihm zu Diensten sein.

9
Die Geburt des wahren Lebens im Menschen

Wenn wir die Offenbarung des Lebens im menschlichen Wesen in der Zeit betrachten, sehen wir, daß das wahre Leben immer in dem Menschen ruht, so wie es im Keim ruht, und daß eine Zeit kommt, wo dies Leben in die Erscheinung tritt. Die Offenbarung des wahren Lebens besteht darin, daß die animalische Persönlichkeit den Menschen zu seinem Wohl hinzieht, das vernünftige Bewußtsein ihm aber die Unmöglichkeit eines persönlichen Glückes zeigt und auf ein anderes Glück hinweist. Der Mensch hält angestrengt nach diesem in der Ferne winkenden Glück Ausschau und vermag es nicht zu sehen; er glaubt anfangs nicht an dieses Glück und kehrt zum persönlichen Glück zurück; das vernünftige Bewußtsein aber, das ihm sein Glück so unbestimmt zeigt, beweist so unzweifelhaft und so überzeugend die Unmöglichkeit des persönlichen Glücks, daß der Mensch ihm von neuem entsagt und wieder nach jenem neuen Glück ausschaut, das sich ihm zeigt. Das vernünftige Glück ist nicht zu sehen, das persönliche Wohl aber ist so unzweifelhaft vernichtet, daß es unmöglich ist, eine persönliche Existenz fortzuführen; und so bildet sich in dem Menschen eine neue Beziehung zwischen seinem animalischen und seinem vernünftigen Bewußtsein. Der Mensch beginnt zum wahren menschlichen Leben geboren zu werden.

Es geht etwas Ähnliches vor, wie in der Welt der Materie bei jeder Geburt. Die Frucht wird geboren, nicht weil sie geboren werden will, nicht weil es für sie besser ist, geboren zu werden, und weil sie weiß, daß es für sie gut ist, geboren zu werden, sondern weil sie reif ist und die bisherige Existenz nicht fortführen kann; sie muß sich einem neuen Leben anheim geben, nicht weil das neue Leben sie ruft, sondern weil die Möglichkeit der früheren Existenz vernichtet ist.

Das in seiner Persönlichkeit unmerklich heranwachsende vernünftige Bewußtsein hat sich soweit entwickelt, daß das Leben in der Persönlichkeit unmöglich wird.

Es vollzieht sich genau dasselbe, was sich bei jeder Zeugung vollzieht. Dieselbe Zerstörung des Samenkornes, der früheren Lebensform, und die Entstehung eines neuen Keimes, derselbe scheinbare Kampf der früheren Form des sich auflösenden Kernes und das Wachsen des Keimes; dieselbe Ernährung des Keimes auf Kosten des sich auflösenden Kernes. Der Unterschied zwischen der Geburt des vernünftigen Bewußtseins und der uns sichtbaren leiblichen Zeugung besteht für uns darin, daß wir bei der leiblichen Geburt in Zeit und Raum sehen, wodurch und wie, wann und was aus dem Keime entsteht, daß wir wissen, daß der Kern die Frucht ist, daß aus dem Kern unter gewissen

Bedingungen eine Pflanze entstehen kann, daß diese Pflanze Blüten und später Früchte tragen wird von gleicher Art wie der Kern (der ganze Kreislauf des Lebens vollzieht sich vor unseren Augen), – das Wachsen des vernünftigen Bewußtseins dagegen sehen wir nicht in der Zeit, wir sehen seinen Kreislauf nicht. Wir sehen aber das Wachsen des vernünftigen Bewußtseins und seinen Kreislauf deshalb nicht, weil wir ihn selbst vollziehen: unser Leben ist nichts anderes als die Entstehung jenes für uns unsichtbaren Wesens, das in uns geboren wird, und deshalb ist es ganz unmöglich für uns, es zu sehen. Wir können die Entstehung dieses neuen Wesens, dieser neuen Beziehung des vernünftigen Bewußtseins zu dem animalischen nicht sehen, ebensowenig wie der Kern das Wachstum seines Stengels sehen kann. Wenn das vernünftige Bewußtsein aus seinem verborgenen Zustand heraustritt und sich uns selbst offenbart, glauben wir einen Widerspruch zu empfinden. Es gibt aber gar keinen Widerspruch, sowenig wie es einen im keimenden Kerne gibt. Im keimenden Kern sehen wir bloß, daß das Leben, das früher in dem Häutchen des Kernes war, jetzt bereits in seinem Keim ist. Ebenso ist auch in dem Menschen, in dem das vernünftige Bewußtsein erwacht ist, gar kein Widerspruch, sondern bloß die Geburt eines neuen Wesens, einer neuen Beziehung des vernünftigen Bewußtseins zu dem animalischen.

Wenn der Mensch existiert, ohne zu wissen, daß andere Personen leben, ohne zu wissen, daß die Genüsse ihn nicht befriedigen, daß er sterben wird, – dann weiß er nicht einmal, daß er lebt, und es gibt keinen Widerspruch in ihm.

Wenn aber der Mensch gesehen hat, daß die anderen Personen die gleichen sind wie er, daß ihm Leiden drohen, daß sein Dasein ein langsamer Tod ist; wenn sein vernünftiges Bewußtsein die Existenz seiner Persönlichkeit aufzulösen beginnt, dann kann er sein Leben nicht mehr in diese aufgelöste Persönlichkeit setzen, sondern muß es unvermeidlich in jenem neuen Leben suchen, das sich vor ihm auftut. Und wiederum gibt es keinen Widerspruch, wie es keinen Widerspruch gibt in dem Kern, der schon den Keim entwickelt und sich deshalb auflöst.

10

Die Vernunft ist das von dem Menschen anerkannte Gesetz, nach dem sein Leben sich vollziehen muß.

Das wahre Leben des Menschen, da in der Beziehung seines vernünftigen Bewußtseins zu seiner animalischen Person sich offenbart, beginnt erst dann, wenn die Ablehnung des Wohles der animalischen Person beginnt. Die Ablehnung des Wohles der animalischen Person beginnt dann, wenn das vernünftige Bewußtsein erwacht.

Was aber ist dieses vernünftige Bewußtsein? Das Evangelium des Johannes beginnt damit, daß das Wort »Logos« (Logos – die Vernunft, die Weisheit, das Wort) der Anfang ist, und daß alles in ihm und alles von ihm ist, und daß deshalb die Vernunft, – das, was alles übrige erklärt, – durch nichts erklärt werden kann.

Die Vernunft kann nicht erklärt werden; wir brauchen sie aber auch nicht zu erklären, weil wir sie nicht nur alle kennen, sondern weil die Vernunft das einzige ist, was wir kennen. Indem wir miteinander verkehren, sind wir im vorhinein davon überzeugt, – mehr als von allem anderen, – daß wir alle dieser uns gemeinsamen Vernunft gleich verpflichtet sind. Wir sind überzeugt, daß gerade die Vernunft jene alleinige Grundlage ist, die uns Lebende alle vereint. Die Vernunft kennen wir sicherer und früher als alles, so daß wir alles, was wir in der Welt kennen, weil das von uns Erkannte mit den Gesetzen dieser Vernunft übereinstimmt, die wir genau kennen. Wir kennen die Vernunft, und es ist uns unmöglich, sie nicht zu kennen. Unmöglich, weil die Vernunft das Gesetz ist, nach dem notwendig die vernünftigen Wesen – die Menschen – leben müssen. Die Vernunft ist für den Menschen das Gesetz, nach dem sein Leben sich vollzieht, – ein ebensolches Gesetz, wie für das Tier das Gesetz, nach dem es sich ernährt und fortpflanzt, wie für die Pflanzen das Gesetz nach dem das Gras, der Baum wächst und blüht, wie für die Himmelskörper das Gesetz, nach dem die Erde und die Gestirne sich bewegen. Und das Gesetz, das wir in uns selbst als das Gesetz unseres Lebens kennen, ist dasselbe Gesetz, nach dem sich alle äußeren Erscheinungen der Welt vollziehen, nur mit dem Unterschied, daß wir in uns dieses Gesetz kennen als das, was wir selbst vollziehen müssen, in den äußeren Erscheinungen hingegen als das, was sich nach diesem Gesetz vollzieht ohne unsere Beteiligung. Alles, was wir von der Welt wissen, ist nur das, was wir außer uns sehen, was in den Himmelskörpern, in den Tieren, in den Pflanzen, in der ganzen Welt vor sich geht, die Unterordnung unter die Vernunft. In der äußeren Welt sehen wir diese Unterordnung unter das Gesetz der Vernunft; in uns aber kennen wir dieses Gesetz als das, was wir selbst vollziehen müssen.

Der gewöhnliche Irrtum in Bezug auf das Leben besteht darin, daß die Unterordnung unseres animalischen Körpers unter sein Gesetz, die wir nicht vollziehen, sondern nur sehen, für das menschliche Leben gehalten wird, während dieses Gesetz unseres animalischen Körpers, mit dem unser vernünftiges Bewußtsein verbunden ist, in unserem animalischen Körper sich für uns ebenso unbewußt vollzieht, wie es sich im Baum, im Kristall und im Himmelskörper vollzieht. Aber das Gesetz unseres Lebens – die Unterordnung des animalischen Körpers unter die Vernunft – ist dasjenige Gesetz, das wir nicht sehen und nicht sehen können, weil es noch nicht vollzogen ist, sondern von uns in unserem Leben vollzogen wird. In der Erfüllung dieses Gesetzes, in der Unterordnung unserer animalischen Seite unter das Gesetz der Vernunft zur Erlangung des Glückes besteht eben unser Leben. Wenn wir nicht begreifen, daß unser Glück und unser Leben in der Unterordnung unserer animalischen Person unter das Gesetz der Vernunft besteht, wenn wir das Wohl und die Existenz unserer animalischen Persönlichkeit für unser gesamtes Leben halten und uns von der uns vorherbestimmten Arbeit des Lebens lossagen, dann bringen wir uns selbst um unser Glück, und um unser wahres Leben und setzen an dessen Stelle jene uns sichtbare Existenz unserer animalischen Lebensfunktionen, die unabhängig von uns sich vollziehen und die deshalb unser Leben nicht sein kann.

11

Die falsche Richtung des Wissens

Der Irrtum, daß das uns sichtbare, an unserer animalischen Person sich vollziehende Gesetz eben das Gesetz unseres Lebens sei, ist ein sehr alter Irrtum, in den von jeher die Menschen verfallen sind und immer noch verfallen. Dieser Irrtum setzt, indem er den Menschen den Hauptgegenstand ihrer Erkenntnis, nämlich die Unterordnung der animalischen Person unter die Vernunft zur Erreichung des Lebensglückes verbirgt, an dessen Stelle die Erforschung der Existenz der Menschen, unabhängig von dem Glück des Lebens.

Anstatt dieses Gesetz, dem die animalische Person des Menschen zur Erreichung seines Glückes sich unterordnen muß, zu erforschen und, nachdem man dieses Gesetz kennen gelernt hat, auf seiner Grundlage alle übrigen Erscheinungen der Welt zu erforschen, richtet die falsche Erkenntnis ihrer Bemühungen auf die Erforschung des Wohles und der Existenz der animalischen Person des Menschen allein, ohne jegliche Beziehung zum Hauptgegenstand des Wissens, – der Unterordnung dieser animalischen Person des Menschen unter das Gesetz der Vernunft, zur Erlangung des wahren Lebensglücks.

Die falsche Erkenntnis richtet, da sie diesen Hauptgegenstand des Wissens nicht im Auge hat, die Kräfte auf die Erforschung der animalischen Existenz der Menschen der Vergangenheit und der Gegenwart und auch die Erforschung der Existenzbedingungen des Menschen im allgemeinen, als eines Tieres. Sie meint, es könne aus diesen Forschungen auch die Richtschnur für das Glück des menschlichen Lebens gefunden werden.

Die falsche Erkenntnis urteilt folgendermaßen: die Menschen existieren und haben vor uns existiert; wir wollen sehen, wie sie existiert haben, welche Veränderungen in Zeit und Raum in ihrer Existenz sich vollzogen haben, welche Richtungen diese Veränderungen zeigen. Aus diesen historischen Veränderungen ihrer Existenz werden wir das Gesetz ihres Lebens finden.

Ohne den Hauptzweck des Wissens, – die Erforschung des vernünftigen Gesetzes, dem sich die Persönlichkeit des Menschen zu seinem Wohl unterwerfen muß, – im Auge zu haben, fällen die sogenannten Gelehrten dieser Kategorie schon durch das Ziel, das sie ihrer Forscherarbeit stekken, das Urteil über die Richtigkeit ihrer Forschung aus. In der Tat: wenn die Existenz der Menschen nur infolge der allgemeinen Gesetze ihrer tierischen Existenz sich verändert, so ist die Erforschung der Gesetze, denen sie ohnehin unterworfen ist, vollkommen nutzlos und müßig. Ob die Leute über das Gesetz der Veränderung ihrer Existenz etwas wissen oder nicht, das Gesetz vollzieht sich ebenso, wie sich die Veränderung im Leben der Maulwürfe und der Biber als Folge der

Bedingungen vollzieht, in denen sie sich befinden. Wenn für den Menschen aber die Kenntnis des vernünftigen Gesetzes, dem sein Leben unterworfen sein muß, möglich ist, so ist es einleuchtend, daß er die Kenntnis dieses Gesetzes der Vernunft nirgendwo anders gewinnen kann als da, wo es ihm offenbar wird: in seinem vernünftigen Bewußtsein. Und soviel die Menschen auch erforschen mögen, auf welche Weise die Menschen als Tiere existiert haben, über die Existenz des Menschen werden sie nichts erfahren, was nicht in den Menschen vorgeht auch ohne diese Kenntnis; und niemals, soviel sie auch die animalische Existenz des Menschen erforschen mögen, werden sie das Gesetz erkennen, dem um des Lebensglückes willen die animalische Existenz des Menschen untergeordnet werden muß.

Dieses ist die eine Kategorie der müßigen Betrachtungen der Menschen über das Leben, die man die historischen und politischen Wissenschaften nennt.

Die andere Kategorie der in unserer Zeit ganz besonders verbreiteten Überlegungen, bei denen der alleinige Gegenstand der Erkenntnis vollkommen außer Betracht gelassen wird, ist die: wenn wir den Menschen als Gegenstand der Beobachtung betrachten, – sagen die Gelehrten, – so sehen wir, daß er sich ebenso nährt, wächst, fortpflanzt, altert und stirbt, wie jedes Tier; aber einige Erscheinungen, nämlich die psychischen, (wie sie sie nennen), verhindern die Genauigkeit der Beobachtungen, bieten zu komplizierte Verhältnisse, und darum wollen wir, um den Menschen besser zu verstehen, sein Leben zunächst in den einfacheren Erscheinungen betrachten, die denen ähnlich sind, die wir an den Tieren und Pflanzen sehen, die diese psychischen Äußerungen nicht kennen. Wir wollen also das Leben der Tiere und Pflanzen im Allgemeinen betrachten. Wennwir nun aber die Tiere und Pflanzen betrachten, sehen wir, daß in ihnen allen gemeinsamen, noch einfacheren Gesetze der Materie sich offenbaren. Und da die Gesetze des Lebens der Tiere noch einfacher sind, als die Gesetze des Lebens der Menschen, und die Gesetze der Pflanzen noch einfacher, die Gesetze der Materie aber noch einfacher, so müssen wir unsere Forschungen auf die allereinfachsten Gesetze gründen – auf die Gesetze der Materie. Wir sehen, daß das, was in der Pflanze und in dem Tiere vorgeht, genauso im Menschen vorgeht, – sagen sie, – und deshalb folgern wir, daß alles, was in dem Menschen vorgeht, uns auch aus dem klar werden wird, was in der allereinfachsten uns sichtbaren und unseren Versuchen zugänglichen toten Materie vorgeht, um so mehr, als alle Eigentümlichkeiten der Tätigkeit des Menschen sich in fortwährender Abhängigkeit von den in der Materie wirkenden Kräften befinden. Jede Veränderung der Materie, die den Körper des Menschen bildet, verändert und stört seine ganze Tätigkeit. Und darum – schließen sie – sind die Gesetze der Materie die Ursachen der Tätigkeit des Menschen. Der Gedanke aber, daß es im Menschen etwas gibt, was wir weder in den Tieren noch in den Pflanzen noch in der toten Materie sehen, und daß dieses etwas eben der alleinige Zweck der Erkenntnis ist, ohne den jede andere Erkenntnis nutzlos ist, dieser Gedanke stört sie überhaupt nicht.

Es kommt ihnen gar nicht in den Sinn, daß, wenn die Veränderungen der Materie im Körper des Menschen seine Handlungen stört, dieses nur ein Beweis dafür ist, daß die Veränderung der Materie eine der Ursachen ist, die die Handlungen des Menschen stören, durchaus aber nicht dafür, daß die Bewegung der Materie die Ursache der Handlungen des Menschen wäre. Ebenso wie der Schaden, den die Entfernung der Erde von den Wurzeln einer Pflanze bewirkt, niemals beweist, daß die Pflanze nur ein Erzeugnis der Erde ist. Und sie erforschen in dem Menschen das, was auch in der toten Materie, in der Pflanze, im Tiere vorgeht, unter der Voraussetzung, daß die Klarlegung der Gesetze der Erscheinungen, die das Leben des Menschen begleiten, das Leben des Menschen selbst erklären könne.

Um das Leben des Menschen, d. h. das Gesetz zu verstehen, dem um des Wohles des Menschen willen seine animalische Person unterworfen sein muß, untersuchen die Leute entweder die historische Existenz, nicht aber das Leben des Menschen, oder die dem Menschen nicht bewußte, sondern ihm bloß sichtbare Unterordnung des Tieres, der Pflanze und der Materie unter verschiedene Gesetze – d.h. sie tun dasselbe, was Leute täten, die die

Stellung ihnen unbekannter Gegenstände erforschen wollten, um das unbekannte Ziel zu finden, das sie verfolgen müssen.

Vollkommen richtig ist es, daß die Kenntnis der uns sichtbaren Erscheinungen der Existenz der Menschen in der Geschichte für uns lehrreich sein kann; daß auch die Erforschung der Gesetze der tierischen Person des Menschen und anderer Tiere lehrreich für uns sein kann, daß auch die Erforschung der Gesetze, denen die Materie selbst unterworfen ist, lehrreich sein mag. Die Erforschung alles dessen ist für den Menschen wichtig, da sie ihm, wie im Spiegelbild, das zeigt, was sich notwendig in seinem Leben vollzieht; es ist aber einleuchtend, daß die Kenntnis dessen, was mit uns, uns schon sichtbar, vorgeht, so vollständig sie sein mag, uns nicht jenes wichtigste Wissen geben kann, dessen wir bedürfen, – nämlich die Kenntnis *des* Gesetzes, dem unsere tierische Persönlichkeit um unseres Wohles willen unterworfen sein muß. Die Kenntnis der sich vollziehenden Gesetze ist für uns lehrreich, aber nur dann, wenn wir das Gesetz der Vernunft anerkennen, dem unsere tierische Persönlichkeit unterworfen sein muß, nicht aber dann, wenn wir dieses Gesetz gar nicht anerkennen.

Wie gut der Baum (auch wenn er es könnte) alle jene chemischen und physischen Erscheinungen, die in ihm vorgehen, erforscht haben mag, er könnte nie und nimmer aus diesen Beobachtungen und Kenntnissen die Notwendigkeit für sich folgern,

Säfte zu sammeln und sie auf das Wachstum des Stammes, des Blattes, der Blüte und der Frucht zu verteilen.

Ebenso ist es mit dem Menschen; so gut er auch das Gesetz, das seine tierische Persönlichkeit beherrscht, und die Gesetze, die die Materie beherrschen, kennen mag, – diese Gesetze geben ihm nicht die geringste Anleitung dafür, wie er mit dem Stücke Brot, das er in Händen hat, zu verfahren habe: ob er es seiner Frau, ob einem Fremden, ob einem Hunde geben oder ob er es selbst aufessen soll; ob er dies Stück Brot gegen Andere verteidigen, ob er es dem geben soll, der ihn darum bittet. Das menschliche Leben aber besteht nur in der Lösung dieser und ähnlicher Fragen.

Die Kenntnis der Gesetze, die der Existenz der Tiere, der Pflanzen und der Materie zugrunde liegen, ist nicht nur nützlich, sie ist auch notwendig zur Erklärung des Gesetzes des Lebens des Menschen, aber nur dann, wenn diese Kenntnis den Hauptzweck der menschlichen Erkenntnis zum Ziele hat: die Aufhellung des Gesetzes der Vernunft.

Bei der Annahme aber, daß das Leben des Menschen nur seine tierische Existenz ist, daß das Glück, auf das das vernünftige Bewußtsein hinweist, unmöglich und das Gesetz der Vernunft nur ein Trugbild ist, wird eine solche Kenntnis nicht nur zu einer durchaus müßigen, sondern auch zu einer schädlichen, indem sie vor dem Menschen den alleinigen Zweck seiner Erkenntnis verbirgt und ihn in dem Irrtum beläßt, daß die Untersuchung des Schattenbilds des Gegenstands ihn zur Kenntnis des Gegenstands selber führen kann. Eine solche Kenntnis erinnert an einen Menschen, der alle Veränderungen und Bewegungen des Schattens eines lebenden Wesens erforschen würde, in der Annahme, daß die Ursache der Bewegung des lebenden Wesens in den Veränderungen und Bewegungen seines Schattens liege.

12

Die Ursache des falschen Wissens ist die falsche Perspektive, in der die Gegenstände erscheinen.

Das wahre Wissen besteht darin, zu wissen, daß wir das wissen, was wir wissen, und das nicht wissen, was wir nicht wissen, – hat Konfuzius gesagt. Das falsche darin, zu glauben, daß wir das wissen, was wir nicht wissen, und das nicht wissen, was wir wissen. Und eine genauere Definition jenes falschen Wissens, das unter uns herrscht, kann man nicht geben. Das falsche Wissen unserer Zeit setzt voraus, daß wir das wissen, was wir nicht wissen können, und daß wir das nicht wissen können, was wir einzig und allein wissen. Der Mensch mit dem falschen Wissen meint, er wisse alles, was ihm in Raum und Zeit sichtbar wird, und daß er das nicht weiß, was ihm in seinem vernünftigen Bewußtsein bekannt ist.

Ein solcher Mensch meint, daß das Glück im Allgemeinen und sein eigenes Glück für ihn der unerforschlichste Gegenstand sei. Als ein fast ebenso unerforschlicher Gegenstand erscheint ihm seine Vernunft, sein vernünftiges Bewußtsein; als ein etwas leichter erforschlicher Gegenstand erscheint er sich selbst, als tierisches Lebenwesen; als noch leichter erforschliche Gegenstände erscheinen ihm die Tiere und die Pflanzen, und als das am leichtesten Erforschliche erscheint ihm die tote endlos ausgebreitete Materie.

Etwas Ähnliches geht mit dem Gesichtssinn des Menschen vor sich. Der Mensch richtet unbewußt seinen Blick stets auf die entferntesten Gegenstände, die ihm deshalb nach Farbe und Umrissen als die allereinfachsten erscheinen: auf den Himmel, den Horizont, auf ferne Felder und Wälder. Diese Gegenstände erscheinen um so bestimmter und einfacher, je weiter sie entfernt sind, und umgekehrt: je näher ein Gegenstand ist, um so komplizierter sind seine Umrisse und seine Farbe.

Wenn der Mensch die Entfernung der Gegenstände nicht zu bestimmen verstünde, wenn er nicht mit seiner Sehkraft die Gegenstände in der Perspektive ordnen würde, sondern die größere Einfachheit und Genauigkeit der Umrisse und der Farbe des Gegenstandes als einen höheren Grad der Sichtbarkeit auffassen würde, so würde einem solchen Menschen als der einfachste und sichtbarste Gegenstand der unendliche Himmel erscheinen, und danach würden ihm als weniger sichtbare Gegenstände die komplizierteren Umrisse des Horizonts erscheinen, dann als noch weniger sichtbare die nach Farbe und Umrissen noch komplizierteren Häuser und Bäume, dann als noch weniger sichtbar die Hand vor den eigenen Augen, und als am allerwenigsten sichtbar würde ihm das Licht erscheinen.

Verhält es sich denn nicht genauso mit dem falschen Wissen des Menschen? Das, was ihm unzweifelhaft bekannt ist, – sein vernünftiges Bewußtsein – erscheint ihm unerkennbar, weil es nicht einfach ist, das aber, was für ihn zweifellos unergründlich ist – die grenzenlose und ewige Materie – das erscheint ihm als das Erkennbarste, weil es ihm durch seine Entfernung von ihm einfach erscheint.

Und es ist doch gerade umgekehrt. Vor allem und am allersichersten kann jeder Mensch das Glück kennen, nach dem er strebt, und er kennt es auch; nach diesem kennt er ebenso sicher die Vernunft, die ihn auf dieses Glück hinweist; danach erst kennt er seine, dieser Vernunft unterworfene Tierheit, und dann erst sieht er – kennt aber nicht – alle anderen ihm im Raume und in der Zeit sich darstellenden Erscheinungen.

Nur ein Mensch mit einer falschen Vorstellung vom Leben meint, daß er die Gegenstände um so besser kennt, je genauer sie durch Raum und Zeit bestimmt werden; in Wirklichkeit aber kennen wir vollkommen nur das, was weder durch Raum noch durch Zeit bestimmt wird, – das wohl und das Gesetz der Vernunft. Die Gegenstände außer uns aber kennen wir um so weniger, je weniger unser Bewußtsein an dieser Erkenntnis beteiligt ist, infolge dessen der Gegenstand nur durch seine Stellung in Raum und Zeit bestimmt wird. Je ausschließlicher daher ein Gegenstand durch Raum und Zeit bestimmt wird, um so weniger erkennbar (begreifbar) ist er für den Menschen.

Das wahre Wissen des Menschen beschränkt sich auf die Erkenntnis seiner Person, seiner Tierheit. Diese seine Tierheit, die nach dem Wohl strebt und die dem Gesetz der Vernunft unterworfen ist, kennt der Mensch vollkommen, besonders durch die Kenntnis alles dessen, was nicht seine Person ist. Er kennt sich wirklich in dieser Tierheit, und kennt sich nicht deshalb, weil er etwas Räumliches und Zeitliches ist (im Gegenteil: als zeitliche und räumliche Erscheinung kann er sich nie kennen) sondern weil er ein Etwas ist, das um seines Glückes willen dem Gesetz der Vernunft unterworfen sein muß. Er kennt sich in dieser Tierheit als etwas von Zeit und Raum Unabhängiges. Wenn er sich fragt, welche Stellung er in der Zeit und im Raum einnimmt, so scheint es ihm anfänglich, als stünde er inmitten der nach beiden Seiten hin unendlichen Zeit und als sei er das Zentrum einer Kugel, deren Oberfläche überall und nirgends ist. Und eben dieses außerzeitliche und außerräumliche Ich kennt der Mensch wirklich, und bei diesem seinem Ich hört sein wirkliches Wissen auf. Alles, was sich außerhalb dieses seines Ichs befindet, kennt der Mensch nicht, er kann es nur beobachten und äußerlich und bedingt bestimmen.

Indem der Mensch sich für eine gewisse Zeit von der Kenntnis seines Ichs als eines nach dem Glück strebenden vernünftigen Zentrums, d. i. als eines außerzeitlichen und außerräumlichen Wesens, lossagt, kann er für eine gewisse Zeit bedingt zugeben, daß er ein Teil der sichtbaren Welt sein, der sich im Raum und in der Zeit offenbart. Indem der Mensch sich also – im Raum und in der Zeit – im Zusammenhang mit den anderen Wesen betrachtet, vereinigt er seine wahre innere Kenntnis seines Ichs mit der äußeren Beobachtung seines Ichs und erhält von sich eine Vorstellung wie von dem Menschen im Allgemeinen, der allen anderen Menschen gleicht; durch diese bedingte Kenntnis seiner selbst erhält der Mensch auch von den anderen Menschen eine gewisse äußere Vorstellung, kennt sie aber nicht.

Die wahre Kenntnis der Menschen ist für den Menschen schon darum eine Unmöglichkeit, weil er solcher Menschen nicht einen einzelnen sieht, sondern Hunderte und Tausende, und weil er weiß, daß es Menschen gibt und gegeben hat und geben wird, die er nie gesehen hat und sehen wird.

Hinter diesen Menschen, noch weiter von sich entfernt, sieht der Mensch im Raum und in der Zeit Tiere, die sich von den Menschen und untereinander unterscheiden. Diese Wesen wären ihm vollkommen unverständlich, wenn er keine Kenntnis von den Menschen überhaupt besäße; da er aber diese Kenntnis besitzt und von dem Begriff des Menschen dessen vernünftiges Bewußtsein abstrahiert, erhält er auch eine gewisse Vorstellung von den Tieren; diese Vorstellung jedoch kommt für ihn noch weniger einer Erkenntnis gleich, als seine Vorstellung von den Menschen überhaupt. Tiere der allerverschiedensten Art sieht er schon in sehr großer Zahl, und je größer ihre Zahl ist, um so weniger ist es natürlich für ihn möglich, sie zu erkennen.

Weiter von sich entfernt sieht er die Pflanzen, und immer größer ist die Verbreitung dieser Erscheinungen in der Welt und immer unmöglicher wird es ihm, sie zu kennen.

Noch weiter von sich entfernt, hinter den Tieren und Pflanzen, sieht der Mensch im Raum und in der Zeit leblose Körper und nur wenig oder gar nicht mehr zu unterscheidende Formen der Materie. Die Materie begreift er schon am wenigsten von allem. Für die Formen der Materie fehlt ihm ganz und gar das Unterscheidungsvermögen, er kennt sie nicht nur nicht, er denkt sie sich nur – um so mehr, als die Materie im Raum und in der Zeit schon unendlich erscheint.

13

Die Erkennbarkeit der Gegenstände wird größer nicht infolge ihrer Erscheinung in Raum und Zeit, sondern infolge der Einheit des Gesetzes, dem wir und die Gegenstände, die wir erforschen, unterworfen sind.

Was kann verständlicher sein als die Worte: dem Hund tut es weh; das Kalb ist zärtlich – es liebt mich; der Vogel freut sich, das Pferd hat Angst, ein guter Mensch, ein böses Tier? Und alle diese überaus wichtigen und verständlichen Worte werden nicht durch den Raum und durch die Zeit bestimmt, im Gegenteil: je unverständlicher uns das Gesetz ist, dem die Erscheinung unterworfen ist, um so genauer wird die Erscheinung durch den Raum und durch die Zeit bestimmt. Wer kann sagen, daß er das Gesetz der Schwere begreift, nach dem die Bewegung von Sonne, Mond und Erde sich vollzieht? Und doch ist die Sonnenfinsternis auf das genaueste durch Raum und Zeit bestimmt.

Ganz und gar kennen wir nur unser Leben, unser Streben nach Glück und die Vernunft, die uns auf dieses Glück hinweist. Die, gemessen am Grad ihrer Zuverlässigkeit an nächster Stelle stehende Kenntnis, ist die Kenntnis unserer nach dem Wohl strebenden und dem Gesetz der Vernunft unterworfenen tierischen Person. In der Kenntnis unserer tierischen Person treten bereits räumliche und zeitliche Bedingungen in Erscheinung, sichtbare, fühlbare, unserer Beobachtung zugängliche, unserem Verständnis aber unzugängliche Bedingungen. An nächster Stelle folgt die Kenntnis ebensolcher tierischen Personen wie wir selbst, in denen wir das mit dem unseren gemeinsame Streben nach dem Wohl und das mit dem unseren gemeinsame vernünftige Bewußtsein erkennen. Je mehr das Leben dieser Personen sich den Gesetzen unseres eigenen Lebens, dem Streben nach Glück und der Unterwerfung unter das Gesetz der Vernunft nähert, um so mehr kennen wir sie, je mehr es sich hingegen in räumlichen und zeitliche Bedingungen kundgibt, um soviel weniger kennen wir sie. Also kennen wir am besten die Menschen.

Gemessen an ihrem Zuverlässigkeitsgrad folgt nun unsere Kenntnis der Tiere, in denen wir zwar eine, der unseren ähnelnde, nach Wohl strebende Person wahrnehmen, aber das unserem vernünftigen Bewußtsein Ähnliche kaum noch erkennen, und mit denen wir nicht mehr durch dieses vernünftige Bewußtsein verkehren können. Nach den Tieren sehen wir die Pflanzen, in denen wir nur noch mit Mühe eine uns ähnliche nach Wohl strebende Person erkennen. Diese Wesen stellen sich uns auch vorzugsweise als zeitliche und räumliche Erscheinungen dar und sind deshalb unserer Kenntnis noch weniger zugänglich.

Wir kennen sie bloß deshalb, weil wir in ihnen eine Person sehen, die unserer tierischen Person ähnlich ist, und die ebenso wie die unsere nach Wohl strebt und die Materie dem in ihr sich offenbarenden Gesetz der Vernunft in den Bedingungen von Raum und Zeit unterwirft.

Noch weniger sind die unpersönlichen materiellen Gegenstände unserer Kenntnis zugänglich; in ihnen finden wir bereits nichts mehr unserer Person Ähnliches, sehen wir gar kein Streben nach Wohl, sondern bloß die zeitlichen und räumlichen Kundgebungen der Gesetze der Vernunft, denen sie sich unterwerfen.

Die Wahrhaftigkeit unserer Kenntnis hängt nicht von der Möglichkeit der Beobachtung des Gegenstands in Raum und Zeit ab, sondern im Gegenteil: je leichter die Offenbarung des Gegenstands im Raum und in der Zeit sich der Beobachtung darbietet, um so weniger verständlich ist sie für uns.

Unsere Kenntnis der Welt entspringt dem Bewußtsein unseres Strebens nach Wohl und der Notwendigkeit, zur Erreichung dieses Wohles unsere Tierheit der Vernunft zu unterwerfen. Wenn wir das Leben des Tieres kennen, so kommt das nur daher, daß wir auch im Tier das Streben nach Wohl und die Notwendigkeit sehen, sich dem Gesetz der Vernunft, das sich in ihm als ein Gesetz des Organismus darstellt, zu unterwerfen.

Wenn wir die Materie kennen, so kennen wir sie bloß deshalb, weil wir in ihr, obgleich uns ihr Wohl unverständlich ist, dieselbe Erscheinung sehen wie in uns selbst – die Notwendigkeit der Unterordnung unter das Gesetz der Vernunft, das sie regiert.

Die Kenntnis jeden beliebigen Gegenstandes ist immer Ergebnis der Übertragung unserer Erkenntnis, daß das Leben Streben nach Wohl ist, das durch die Unterordnung unter das Gesetz der Vernunft erreicht wird, auf andere Gegenstände.

Uns selbst können wir nicht aus den Gesetzen kennen lernen, die die Tiere beherrschen, wohl aber lernen wir die Tiere nur aus dem Gesetze kennen, das wir in uns kennen. Und um so weniger können wir uns selbst aus den Gesetzen unseres Lebens erkennen, die wir auf die Erscheinungen der Materie übertragen haben.

Alles, was der Mensch von der Außenwelt kennt, kennt er nur, weil er sich selbst kennt und in sich drei verschiedene Beziehungen zur Welt findet: die eine ist die Beziehung seines vernünftigen Bewußtseins, die zweite die Beziehung seiner Tierheit und die dritte die Beziehung der Materie, die den Körper seiner Tierheit ausmacht. Er kennt in sich diese drei verschiedenen Beziehungen, und deshalb ordnet sich alles, was er in der Welt sieht, vor ihm stets aus der Perspektive dreier voneinander getrennter Ebenen: 1. die vernünftigen Wesen, 2. die Tiere und Pflanzen und 3. die leblose Materie.

Der Mensch sieht stets diese drei Kategorien von Gegenständen in der Welt, weil er selbst diese drei Gegenstände der Erkenntnis in sich enthält. Er kennt sich 1. als ein vernünftiges Bewußtsein, das sich das Tier unterwirft, 2. als ein Tier, das dem vernünftigen Bewußtsein unterworfen ist und 3. als die Materie, die dem Tier unterworfen ist.

Nicht aus der Erkenntnis der Gesetze der Materie, wie man glaubt, können wir das Gesetz der Organismen erkennen, und nicht aus dem Erkennen des Gesetzes der Organismen können wir uns selbst als vernünftige Wesen erkennen, sondern umgekehrt. Vor allem können und sollen wir uns selbst, d. h. dasjenige Gesetz der Vernunft erkennen, dem um unseres Wohles willen unsere Person unterworfen sein muß, und dann erst können und sollen wir auch das Gesetz unserer tierischen Person und ihr ähnlicher Personen und in noch weiterer Entfernung von uns die Gesetze der Materie erkennen.

Wir brauchen nur uns selbst zu kennen, und wir kennen nur uns selbst. Die Tierwelt ist für uns schon ein Widerschein dessen, was wir in uns selbst kennen. Die materielle Welt ist gleichsam schon der Widerschein vom Widerschein.

Uns erscheinen die Gesetze der Materie nur deshalb besonders klar, weil sie für uns einförmig sind, weil sie dem von uns erkannten Gesetz unseres Lebens besonders ferne stehen.

Die Gesetze der Organismen scheinen uns nur durch ihre Entfernung von uns einfacher als das Gesetz unseres Lebens. Aber auch in ihnen beobachten wir bloß die Gesetze, kennen sie jedoch nicht, wie wir das Gesetz unseres vernünftigen Bewußtseins kennen, das wir unvermeidlich vollziehen.

Weder die eine noch die andere Existenz kennen wir, wir sehen sie bloß, wir beobachten sie außer uns. Nur das Gesetz unseres vernünftigen Bewußtseins kennen wir unzweifelhaft, weil wir seiner zu unserem Glück bedürfen, weil wir durch dieses Bewußtsein leben; wir sehen es jedoch deshalb nicht, weil wir nicht den höheren Punkt haben, von dem aus wir es beobachten könnten.

Nur wenn es höhere Wesen gäbe, die sich unser vernünftiges Bewußtsein ebenso unterwerfen würden, wie sich unser vernünftiges Bewußtsein unsere tierische Person unterwirft und wie die tierische Person (der Organismus) sich die Materie unterwirft, könnten diese höheren Wesen unser vernünftiges Leben so sehen, wie wir unsere tierische Existenz und die Existenz der Materie sehen.

Das menschliche Leben erscheint als untrennbar verbunden mit zwei Formen der Existenz, die es in sich einschließt: die Existenz der Tiere und Pflanzen (Organismen) und die Existenz der Materie.

Sein wahres Leben schafft der Mensch selbst, er durchlebt es selbst; an jenen zwei Formen der Existenz aber, die mit seinem Leben verknüpft sind, kann der Mensch nicht teilnehmen. Der Körper und die Materie, die ihn bildet, existieren durch sich selbst.

Diese Formen der Existenz erscheinen dem Menschen gleichsam als vorausgegangene durchlebte Leben, die in sein Leben mit eingeschlossen sind, – gleichsam als Erinnerung an vergangene Leben.

In dem wahren Leben des Menschen bilden diese zwei Formen der Existenz für ihn das Werkzeug und das Material seiner Arbeit, nicht aber seine Arbeit selbst.

Es ist dem Menschen nützlich, das Material und das Werkzeug seiner Arbeit kennen zu lernen. Je besser er sie erkennt, um so besser wird er imstande sein zu arbeiten. Das Erlernen dieser in sein Leben mit eingeschlossenen Formen der Existenz – seines Tieres und der Materie, die das Tier bildet, – zeigt dem Menschen im Widerscheine das allgemeine Gesetz alles Existierenden – die Unterwerfung unter das Gesetz der Vernunft – und bestärkt ihn dadurch in der Notwendigkeit der Unterwerfung seiner Tierheit unter ihr Gesetz; der Mensch aber darf und soll das Material und das Werkzeug seiner Arbeit nicht mit seiner Arbeit selbst verwechseln.

Wie sehr der Mensch auch das sichtbare greifbare Leben, das er in sich und anderen beobachtet, erforschen mag, – das Leben, das ohne seine Bemühungen sich vollzieht, dieses Leben wird für ihn stets ein Geheimnis bleiben; er wird nie infolge dieser Beobachtungen dieses ihm nicht bewußte Leben verstehen und wird durch die Beobachtung dieses geheimnisvollen Lebens, das sich vor ihm stets in der Unendlichkeit des Raumes und der Zeit verbirgt, auf keine Weise sein wahres Leben erleuchten, das ihm in seinem Bewußtsein offenbart ist und das in der Unterwerfung seiner ganz besonderen und ihm selbst genau bekannten tierischen Person unter ein ganz besonderes und ihm ganz genau bekanntes Gesetz der Vernunft zur Erreichung seines ganz besonderen und ihm ganz genau bekannten Wohles besteht.

14

Das wahre Leben des Menschen ist nicht das, was sich im Raum und in der Zeit vollzieht.

Der Mensch kennt das Leben in sich als das Streben nach dem Glück, das durch die Unterwerfung seiner tierischen Person unter das Gesetz der Vernunft erreicht werden kann.

Ein anderes menschliches Leben kennt er nicht und kann er nicht kennen. Der Mensch erkennt ja das Tier nur dann als lebend, wenn die Materie, aus der es besteht, nicht nur ihren Gesetzen, sondern auch dem höheren Gesetze des Organismus unterworfen ist.

Gibt es in einer gewissen Verbindung der Materie eine Unterwerfung unter das höhere Gesetz des Organismus, – dann erkennen wir in dieser Verbindung der Materie eine Art von Leben; gibt es sie nicht, hat diese Unterwerfung noch nicht begonnen oder hat sie bereits aufgehört, so fehlt auch das, was diese Materie, in der die alleinigen mechanischen, chemischen und physischen Gesetze wirken, von aller übrigen Materie unterscheidet, und wir erkennen in ihr kein tierisches Leben.

Ebenso erkennen wir Menschen, die uns ähnlich sind und auch uns selbst nur dann als lebend an, wenn unsere tierische Person, außer der Unterwerfung unter das Gesetz des Organismus, auch noch dem höheren Gesetz des vernünftigen Bewußtseins unterworfen ist.

Sobald diese Unterwerfung der Person unter das Gesetz der Vernunft fehlt, sobald in dem Menschen bloß das Gesetz der Person wirkt, das die Materie, aus der sie gebildet ist, sich unterwirft, kennen und sehen wir auch kein menschliches Leben, weder in anderen noch in uns, wie wir auch kein tierisches Leben in der Materie sehen, die sich bloß ihren eigenen Gesetzen unterwirft.

Wie heftig und rasch die Bewegungen der Materie im Fieber, im Wahnsinn oder in der Agonie, in der Trunkenheit, selbst im Ausbruch der Leidenschaft sein mögen, – wir erkennen den Menschen nicht als lebend an, wir verhalten uns zu ihm nicht wie zu einem lebenden Menschen und schreiben ihm bloß die Möglichkeit des Lebens zu. Wie schwach und unbeweglich dagegen auch ein Mensch sein mag – wenn wir sehen, daß seine tierische Person der Vernunft unterworfen ist, so erkennen wir ihn als lebend an und verhalten uns zu ihm in diesem Sinne.

Das menschliche Leben können wir nicht anders verstehen, denn als die Unterwerfung der tierischen Person unter das Gesetz der Vernunft.

Dieses Leben äußert sich in der Zeit und im Raum, es wird aber nicht durch zeitliche und räumliche Bedingungen bestimmt, sondern nur durch den Grad der Unterwerfung der tierischen Person unter die Vernunft. Das Leben durch zeitliche und räumliche Bedingungen zu bestimmen wäre dasselbe wie die Höhe eines Gegenstandes durch seine Länge und Breite bestimmen.

Die Aufwärtsbewegung eines Gegenstandes, der sich zugleich auf ebener Erde bewegt, wird das genaue Abbild des Verhältnisses des wahren menschlichen Lebens zum Leben der tierischen Person sein, oder des wahren Lebens zum zeitlichen und räumlichen Leben. Die Aufwärtsbewegung eines Gegenstandes hängt nicht von seiner Bewegung auf ebener Fläche ab und kann durch diese Bewegung in der Ebene weder vermehrt noch vermindert werden. Ähnlich ist es mit der Bestimmung des menschlichen Lebens. Das wahre Leben offenbart sich immer in der Persönlichkeit, es hängt jedoch durchaus nicht von dieser oder jener Existenz der Persönlichkeit ab und kann durch diese weder vermehrt noch verringert werden.

Die zeitlichen und räumlichen Bedingungen, unter denen die tierische Person des Menschen steht, können nicht auf das wahre Leben einwirken, das in der Unterwerfung der tierischen Person unter das vernünftige Bewußtsein besteht.

Es liegt außerhalb der Macht des Menschen, der zu leben wünscht, die räumliche und zeitliche Bewegung seiner Existenz zu vernichten, sie zu hemmen; aber sein wahres Leben ist die Erringung des Glückes durch die Unterwerfung unter die Vernunft, unabhängig von diesen sichtbaren räumlichen und zeitlichen Bewegungen. Nur in diesem immer weiter fortschreitenden Erringen des Glückes durch die Unterwerfung unter die Vernunft besteht eben das, was das menschliche Leben ausmacht. Fehlt dieses Zunehmen der Unterwerfung, – so zieht sich das menschliche Leben in den zwei sichtbaren Richtungen des Raumes und der Zeit hin und ist ein bloßes Dasein. Ist die Aufwärtsbewegung da, diese immer weiter zunehmende Unterwerfung unter die Vernunft, so entsteht ein Verhältnis zwischen zwei Kräften und einer anderen, und es vollzieht sich eine größere oder geringere koordinierte Bewegung, die die Existenz des Menschen in den Bereich des Lebens emporhebt.

Die räumlichen und zeitlichen Kräfte sind bestimmte, endliche, mit dem Begriff des Lebens unvereinbare Kräfte; die Kraft des Strebens nach dem Glück durch die Unterwerfung unter die Vernunft aber ist eine Kraft, die aufwärts hebt, – ist die Lebenskraft selbst, für die es weder zeitliche noch räumliche Grenzen gibt.

Dem Menschen kommt es so vor, als ob sein Leben gehemmt werde und sich teile, aber diese Hemmungen und Schwankungen sind bloß Täuschungen des Bewußtseins (ähnlich den Täuschungen äußerer Empfindungen). Es gibt keine Hemmungen und Schwankungen des wahren Lebens und kann keine geben: wir glauben nur, sie zu sehen bei einer falschen Perspektive auf das Leben.

Der Mensch beginnt das wahre Leben zu leben, d. h. er erhebt sich auf eine gewisse Höhe über das tierische Leben und erblickt von dieser Höhe herab das Trügerische seiner tierischen Existenz, die unvermeidlich mit dem Tode endet; er sieht, daß seine Existenz auf der ebenen Fläche von allen Seiten durch Abgründe abgeschnitten wird, und da er nicht erkennt, daß dieses Aufwärtsschwingen das Leben selbst ist, erschrickt er vor dem, was er von der Höhe herab erblickt. Anstatt in der ihm offenbar gewordenen Richtung vorwärts zu gehen, nachdem er die Kraft, die ihn in die Höhe erhebt, als sein Leben erkannt hat, erschrickt er vor dem, was sich ihm von der Höhe herab auftut, steigt absichtlich hernieder und duckt sich möglichst tief, um die Abgründe nicht zu sehen, die sich vor ihm auftun. Aber die Kraft des vernünftigen Bewußtseins hebt ihn abermals empor; wieder schaut er, wieder erschrickt er, und um nicht sehen zu müssen, wirft er sich wieder zur Erde nieder. Und dies dauert solange, bis er zuletzt einsieht, daß er, um sich von der Furcht vor der ihn fortreißenden Bewegung des untergehenden Lebens zu befreien, begreifen muß, daß seine Bewegung auf ebener Fläche – seine räumliche und zeitliche Existenz – nicht sein Leben ist, sondern daß sein Leben nur in der Bewegung aufwärts besteht, daß nur in der Unterwerfung seiner Person unter das Gesetz der Vernunft die Möglichkeit des Glückes und des Lebens enthalten ist. Er muß begreifen, daß er Flügel hat, die ihn über den Abgrund erheben, daß er, wenn diese Flügel nicht wären, sich nie in die Höhe erheben und nie die Abgründe sehen würde. Er muß an seine Flügel glauben und dorthin fliegen, wohin sie ihn tragen.

Nur aus diesem Mangel an Glauben entstehen auch jene ihm anfangs sonderbar vorkommenden Erscheinungen der Schwankungen des wahren Lebens, seiner Hemmung und des Zwiespalts des Bewußtseins.

Nur dem Menschen, der sein Leben in der tierischen, durch Raum und Zeit bestimmten Existenz begreift, scheint es, daß das vernünftige Bewußtsein sich zeitweise in der tierischen Existenz offenbart habe. Und wenn er so die Offenbarung des vernünftigen Bewußtseins in sich betrachtet, fragt sich der Mensch, wann und unter welchen Bedingungen sein vernünftiges Bewußtsein sich in ihm offenbart habe. Wie sehr aber der Mensch auch seine Vergangenheit durchforschen mag, er wird nie die Zeiten dieser Offenbarungen des vernünftigen Bewußtseins finden; es kommt ihm stets so vor, als sei es entweder nie oder immer dagewesen. Wenn er das Gefühl hat, daß es Unterbrechungen des vernünftigen Bewußtseins gegeben habe, so ist das bloß deshalb, weil er das Leben des vernünftigen Bewußtseins nicht als Leben anerkennt. Indem er sein Leben bloß als die tierische Existenz versteht, die durch räumliche und zeitliche Bedingungen bestimmt wird, will der Mensch das Erwachen und die Tätigkeit des vernünftigen Bewußtseins mit demselben Maße messen: Er fragt sich: wann, wie lange, unter welchen Bedingungen habe ich mich im Besitze des vernünftigen Bewußtseins befunden? Die Unterbrechungen aber in der Tätigkeit des vernünftigen Bewußtseins existieren nur für den Menschen, der sein Leben als das Leben der tierischen Person versteht. Für den Menschen jedoch, der sein Leben in dem erkennt, worin es wirklich besteht, – in der Tätigkeit des vernünftigen Bewußtseins – kann es Unterbrechungen nicht geben.

Das vernünftige Leben ist wirklich. Nur dieses ist wirklich. Unterbrechungen von einer Minute oder 50 000 Jahren sind ihm vollkommen gleichgültig, weil es keine Zeit kennt. Das wahre Leben des Menschen, – das, aus dem er sich den Begriff über jedes andere Leben bildet, – ist das Streben nach dem Glück, das durch die Unterwerfung seiner Person unter das Gesetz der Vernunft erreicht wird. Weder die Vernunft, noch der Grad der Unterwerfung unter diese werden durch den Raum oder durch die Zeit bestimmt. Das wahre Leben des Menschen vollzieht sich außerhalb des Raumes und der Zeit.

15

Dem Wohle der tierischen Persönlichkeit entsagen, das ist das Gesetz des menschlichen Lebens

Das Leben ist das Streben nach dem Glück. Das Streben nach dem Glück ist das Leben. So haben alle Menschen das Leben aufgefaßt, so fassen sie es auf und so werden sie es immer auffassen. Und darum ist das Leben des Menschen das Streben nach dem menschlichen Glück, und das Streben nach dem menschlichen Glück ist eben das menschliche Leben. Die Menge der nicht denkenden Menschen sieht das Glück des Menschen in dem Wohle seiner tierischen Person.

Die falsche Wissenschaft sieht das Leben in der tierischen Existenz, indem sie den Begriff des Glücks aus der Bestimmung des Lebens ausschließt, sie erkennt deshalb das Glück des Lebens nur in dem tierischen Wohle und stimmt mit dem Irrtum der Menge überein.

In dem einen wie in dem anderen Falle entsteht der Irrtum aus der Verwechslung der Persönlichkeit, der Individualität, wie die Wissenschaft es nennt, mit dem vernünftigen Bewußtsein. Das Personsein aber schließt das vernünftige Bewußtsein nicht in sich ein. Das Personsein ist eine Eigenschaft des Tieres und des Menschen als eines Tieres. Das vernünftige Bewußtsein ist die Eigenschaft des Menschen allein.

Das Tier kann einzig für seinen Körper leben – nichts hindert es, so zu leben; es befriedigt seine Person und dient unbewußt seiner Gattung und weiß nichts davon, daß es eine Person ist; der vernünftige Mensch aber kann nicht bloß für seinen Körper leben. Er kann nicht so leben, weil er weiß, daß er eine Person ist, und darum weiß er, daß auch andere Wesen ebensolche Personen sind, wie er, und weiß, was sich aus den Beziehungen dieser Personen ergeben muß.

Wenn der Mensch nur nach dem Wohle seiner Person streben, nur sich selbst, seine Person, lieben würde, so würde er nicht wissen, daß andere Wesen sich auch lieben, wie es auch die Tiere nicht wissen; wenn der Mensch aber weiß, daß er eine Person ist, die danach strebt, wonach auch alle ihn umgebenden Personen streben, so kann er nicht mehr nach jenem Wohle streben, das sein vernünftiges Bewußtsein als Übel erkennt, dann kann sein Leben nicht mehr in dem Streben nach dem Wohle der Person bestehen. Nur glaubt der Mensch manchmal, sein Streben nach dem Wohle habe die Befriedigung der Bedürfnisse seiner tierischen Person zum Zweck. Diese Täuschung kommt daher, daß der Mensch das, was er in seiner Tierheit vorgehen sieht, für den Zweck der Tätigkeit seines vernünftigen Bewußtseins ansieht. Der Vorgang gleicht der Handlung eines Menschen, der im wachen Zustand sich durch das leiten ließe, was er im Traum sieht.

Und wird diese Täuschung durch falsche Lehren unterstützt, dann findet in dem Menschen die Verwechslung der Person mit dem vernünftigen Bewußtsein statt.

Aber das vernünftige Bewußtsein zeigt dem Menschen stets, daß die Befriedigung der Bedürfnisse seiner tierischen Person nicht sein Glück und darum nicht sein Leben sein kann, und zieht ihn unaufhaltsam zu jenem Glück und darum zu jenem Leben hin, das ihm eigen ist und das nicht seiner tierischen Person innewohnt.

Man denkt und sagt gewöhnlich, dem Wohl der Person zu entsagen ist eine Heldentat, ein Verdienst des Menschen. Dem Wohl der Person zu entsagen ist kein Verdienst, keine Heldentat, sondern eine notwendige Bedingung des Lebens des Menschen. Sobald der Mensch sich als eine von der ganzen Welt abgesonderte Person anerkennt, erkennt er zu gleicher Zeit auch die anderen Personen als von der Welt abgesondert, erkennt ihre Zusammengehörigkeit und das Trügerische des Wohles seiner Person, und als einziges wirkliches Glück nur das, was sein vernünftiges Bewußtsein zu befriedigen vermag.

Für das Tier ist eine Tätigkeit, die nicht das Wohl der Person zum Zweck hat, sondern diesem Zweck gerade entgegengesetzt ist, eine Verleugnung des Lebens, für den Menschen aber ist es gerade umgekehrt. Die Tätigkeit des Menschen, die nur auf die Erreichung des Wohles der Person gerichtet ist, ist eine vollständige Verleugnung des menschlichen Lebens.

Für das Tier, das kein vernünftiges Bewußtsein besitzt, das ihm die Armseligkeit und Endlichkeit seiner Existenz zeigt, ist das Wohl der Person und die aus ihm hervorgehende Fortpflanzung der Gattung der Person der höchste Zweck des Lebens. Für den Menschen dagegen ist die Person jene Stufe der Existenz, von der aus sich ihm das wahre Glück seines Lebens offenbart, das nicht mit dem Wohle seiner Person zusammenfällt.

Das Bewußtsein der Person ist für den Menschen nicht das Leben, sondern die Grenze, an der sein Leben beginnt, das in einem immer umfassenderen Erringen des ihm eigenen Glückes besteht, das von dem Wohl der tierischen Person unabhängig ist.

Nach der allgemein gültigen Ansicht über das Leben ist das menschliche Leben ein Zeitabschnitt von der Geburt bis zum Tod seiner Tierheit. Das ist aber nicht das menschliche Leben: das ist nur die Existenz des Menschen als einer tierischen Person. Das menschliche Leben aber ist etwas, das nur in der tierischen Existenz in Erscheinung tritt, ebenso wie das organische Leben etwas ist, was nur in der Existenz der Materie in Erscheinung tritt.

Dem Menschen stellen sich vor allem die sichtbaren Ziele seiner Person als die Ziele seines Lebens dar. Diese Ziele sind sichtbar, und darum erscheinen sie begreiflich.

Die Ziele dagegen, auf die ihn sein vernünftiges Bewußtsein hinweist, erscheinen unbegreiflich, weil sie unsichtbar sind. Und der Mensch scheut sich anfangs, auf das Sichtbare zu verzichten und sich dem Unsichtbaren hinzugeben.

Dem durch die falschen Lehren der Welt irregeführten Menschen scheinen die tierischen Forderungen, die sich von selbst vollziehen und die ihm an sich und an anderen sichtbar sind, einfach und klar, die neuen unsichtbaren Forderungen des vernünftigen Bewußtseins dagegen stellen sich ihm als jenen entgegengesetzt dar; ihre Befriedigung die nicht von selbst geschieht, die er vielmehr selbst vollziehen muß, erscheint als etwas Kompliziertes und Unklares. Beängstigend und bedrükkend ist es, der sichtbaren Vorstellung vom Leben zu entsagen und sich seinem unsichtbaren Bewußtsein hinzugeben, wie es für ein Kind beängstigend und bedrückend wäre, geboren zu werden, wenn es seine Geburt fühlen könnte. Aber es führt nun einmal kein Weg vorbei an der Einsicht, daß die sichtbare Vorstellung zum Tode führt, das unsichtbare Bewußtsein dagegen allein das Leben gibt.

16

Die tierische Person ist ein Werkzeug des Lebens.

Keinerlei Überlegungen können dem Menschen jene offensichtliche unzweifelhafte Wahrheit verhüllen, daß seine Persönliche Existenz etwas ohne Unterbrechung Vergehendes, dem Tod Zustrebendes ist und daß deshalb in seiner tierischen Person Leben nicht enthalten sein kann.

Der Mensch kann nicht umhin, zu sehen, daß die Existenz seiner Person von seiner Geburt und Kindheit an bis zum Alter und dem Tode nichts anderes ist als die fortwährende Aufzehrung und Verminderung dieser tierischen Person, die mit dem unvermeidlichen Tod endigt.; und darum muß das Bewußtsein seines Lebens in der Person, das den Wunsch nach Vergrößerung und der Unzerstörbarkeit seiner Person in sich schließt, ein unaufhörlicher Widerspruch sein und die Aufzehrung der Kräfte muß ein Übel sein, da der einzige Sinn seines Lebens das Streben nach dem Glück ist.

Worin auch das wahre Glück des Menschen bestehen mag, der Verzicht auf das Wohl seiner tierischen Person ist für ihn unvermeidlich.

Der Verzicht auf das Wohl der tierischen Person ist das Gesetz des menschlichen Lebens. Wenn es nicht frei erfüllt wird, indem es sich in der

Unterwerfung unter das vernünftige Bewußtsein äußert, so vollzieht es sich in jedem Menschen mit Gewalt beim Tode seiner Tierheit, wenn er unter der Wucht der Leiden nur eines wünscht: sich von dem qualvollen Bewußtsein der vergehenden Person zu befreien und in eine andere Form des Daseins überzugehen.

Der Eintritt des Menschen in das Leben und sein Leben selbst ist dem Schicksal eines Pferdes ähnlich, das sein Herr aus dem Stall führt und anspannt. Das Pferd, das aus dem Stall herauskommt und das Licht erblickt und die Freiheit wittert, meint, in dieser Freiheit bestehe das Leben; nun wird es aber eingespannt und angetrieben. Es fühlt die Last hinter sich, und wenn es denkt, daß sein Leben darin besteht, frei herumzulaufen, beginnt es um sich zu schlagen, fällt hin und schlägt sich manchmal auch tot. Schlägt es sich aber nicht tot, so bleiben ihm nur zwei Auswege: entweder wird es sich in Bewegung setzen und die Last ziehen und wird sehen, daß die Last nicht schwer und das Fahren keine Qual, sondern eine Freude ist, oder es wird nicht gehorchen, und dann wird sein Herr es zu dem liegenden Rad führen, wird es mit dem Fangriemen an die Mauer binden, das Rad wird sich unter ihm zu drehen beginnen, und es wird im Dunkeln im Kreis umhergehen; es wird dabei leiden, aber seine Kräfte werden nicht nutzlos verschwendet werden; das Pferd wird seine unfreiwillige Arbeit ausführen und das Gesetz wird sich auch an ihm erfüllen. Der einzige Unterschied wird der sein, daß das eine Pferd mit Freude, das andere widerwillig und unter Qualen arbeiten wird.

„Wozu aber diese Person, deren Wohl ich, der Mensch, entsagen muß, um das Leben zu erhalten", – sagen die Leute, die ihre tierische Existenz für das Leben halten. Wozu wurde dem Menschen dieses Bewußtsein der Person gegeben, die der Verwirklichung seines wahren Lebens widerstebt?

Diese Frage läßt sich mit einer ähnlichen Frage beantworten, die das Tier stellen könnte, das nach seinem Ziele, der Erhaltung seines Lebens und seiner Gattung, strebt.

Wozu würde es fragen, diese Materie und ihre Gesetze, mechanische, physische, chemische und andere, mit denen ich den Kampf führen muß, um zu meinen Zielen zu gelangen? „Wenn meine Bestimmung", würde das Tier sagen, „die Verwirklichung des Lebens des Tieres ist, wozu dann alle diese Hindernisse, die ich überwinden muß?"

Es ist uns klar, daß die gesamte Materie und ihre Gesetze, gegen die das Tier ankämpft und die es sich unterwirft, für die Existenz der Person des Tieres nicht Hindernisse, sondern Mittel zur Erreichung seiner Ziele sind. Nur durch die Verarbeitung der Materie und vermittels ihrer Gesetze lebt das Tier. Genau so ist es mit dem Leben des Menschen. Die tierische Person, in der der Mensch sich gründet und die er seinem vernünftigen Bewußtsein zu unterwerfen berufen ist, ist kein Hindernis, sondern ein Mittel, durch das er die Ziele seines Strebens erreicht: die tierische Person ist für den Menschen das Werkzeug, mit dem er arbeitet. Die tierische Person ist für den Menschen der Spaten, der dem vernünftigen Wesen gegeben ist, damit er mit ihm grabe, ihn beim Graben stumpf mache und wieder schärfe, den er verbrauchen, nicht aber säubern und aufbewahren soll. Das ist das Talent, das ihm gegeben wurde, damit er es vermehre, nicht damit er es aufbewahre.

„Wer aber sein Leben erhalten will, der wird es verlieren. Wer aber sein Leben verliert um meinetwillen, der wird es erlangen." In diesen Worten ist gesagt, daß man nicht aufbewahren kann, was vergehen muß und unaufhörlich vergeht, und daß wir nur durch den Verzicht auf das, was vergehen wird und vergehen muß, auf unsere tierische Person, unser wahres Leben erhalten, das nicht vergeht und nicht vergehen kann. Es ist gesagt, daß unser wahres Leben erst dann beginnt, wenn wir aufhören, das als Leben zu betrachten, was für uns nicht das Leben sein kann – unsere tierische Existenz. Es ist gesagt, daß der Mensch, der den Spaten aufbewahren wird, den er hat, um sich die Nahrung zu verschaffen, die sein Leben erhält, dadurch, daß er den Spaten aufbewahrt, Nahrung und Leben verlieren wird.

17
Die Geburt durch den Geist

„Ihr müßt von neuem geboren werden" hat Christus gesagt. Nicht, daß jemand dem Menschen befohlen hätte, geboren zu werden, sondern der Mensch ist notwendigerweise dazu gebracht worden. Um das Leben zu haben, muß er in diesem Dasein von neuem geboren werden – durch das vernünftige Bewußtsein.

Dem Menschen ist das vernünftige Bewußtsein gegeben, damit er das Leben in jenem Glück begreift, das sich ihm durch sein vernünftiges Bewußtsein offenbart. Wer in diesem Glück das Leben sieht, der besitzt das Leben; wer dagegen das Leben nicht in diesem Glück sieht, sondern in dem Wohl der tierischen Person, der bringt sich eben dadurch um das Leben. Darin besteht die Erklärung, die Christus vom Leben gegeben hat.

Die Menschen, die ihr Streben nach dem Wohl der Person als das Leben betrachten, hören diese Worte, glauben aber nicht an sie, nein, sie verstehen sie gar nicht, sie können sie gar nicht verstehen. Ihnen erscheinen diese Worte entweder nichtssagend oder nur wenig aussagekräftig, als Worte, die eine gewisse künstliche sentimentale und mystische Stimmung bezeichnen, wie sie sich gern ausdrücken. Sie können die Bedeutung dieser Worte, die einen ihnen unerreichbaren Zustand bezeichnen, nicht begreifen, ebensowenig wie ein trockener nicht keimender Same den Zustand eines durchfeuchteten und bereits keimenden Samens begreifen kann. Für den trockenen Kern ist die Sonne, die aus diesen Worten auf den zum Leben erstehenden Samen scheint, bloß eine nichtssagende Zufälligkeit, bloß etwas mehr Wärme und etwas mehr Licht; für den keimenden Samen ist sie die Ursache seiner Geburt zum Leben. Ebenso ist auch für die Menschen, die noch nicht bis zu dem inneren Widerspruch der tierischen Person mit dem vernünftigen Bewußtsein gelangt sind, das Licht der Sonne der Vernunft nur eine nichtssagende Zufälligkeit, es sind sentimentale, mystische Worte. Die Sonne ruft nur die ins Leben, in denen schon ein Keim des Lebens ruht.

Darüber aber, wie, weshalb, wann, wo es entsteht, nicht nur im Menschen, sondern auch im Tier und in der Pflanze, darüber hat nie jemand etwas erfahren. Über seine Entstehung im Menschen hat Christus gesagt, niemand wisse es und niemand könne es wissen.

Und in der Tat: was kann der Mensch davon wissen, wie das Leben in ihm entsteht? Das Leben ist das Licht der Menschen, das Leben ist das Leben – der Anfang aller Dinge; wie kann also der Mensch wissen, wie es entsteht? Für den Menschen entsteht und vergeht, was nicht lebt, das, was in Raum und Zeit sich offenbart. Dem wahren Leben aber kommt einfach Dasein zu, und darum kann es für den Menschen weder entstehen noch vergehen.

18

Was das vernünftige Bewußtsein fordert

Ja, das vernünftige Bewußtsein sagt dem Menschen unzweifelhaft, unwiderleglich, daß es bei der Einrichtung der Welt, die es aus seiner Person heraus sieht, für ihn, für seine Person, ein Glück nicht geben kann. Sein Leben ist der Wunsch nach seinem, gerade nach *seinem* Glück, und er sieht, daß dieses Glück unmöglich ist. Aber eigentümlich: obwohl er unzweifelhaft sieht, daß dieses Glück für ihn nicht möglich ist, lebt er dennoch nur durch den Wunsch nach diesem unmöglichen Glück – dem Glück für sich allein.

Der Mensch, in dem das vernünftige Bewußtsein erwacht, eben erwacht ist, sich aber die tierische Person noch nicht unterworfen hat, lebt, wenn er sich nicht tötet, bloß, um dieses unmögliche Glück zu verwirklichen; der Mensch lebt und handelt nur, damit er das Glück für sich allein erringe, damit alle Menschen und sogar alle Wesen nur darum leben und handeln, daß es ihm allein wohlergehe, daß er Genuß habe, daß es für ihn keine Leiden und keinen Tod gebe.

Merkwürdig: obwohl die eigene Erfahrung und die eigene Beobachtung des Lebens aller ihn Umgebenden und die Vernunft jedem Menschen unzweifelhaft die Unerreichbarkeit all dessen beweisen, obwohl sie ihm zeigen, daß es unmöglich ist, die anderen lebenden Wesen dazu zu zwingen, daß sie aufhören, sich selbst zu lieben, um nur ihn allein zu lieben, – besteht das Leben eines jeden Menschen trotzdem nur darin, andere Wesen durch Reichtum, Macht, Ehre, Ruhm, Schmeichelei, Betrug oder sonstwie zu zwingen, nicht für sich, sondern für ihn allein zu leben – alle Wesen zu zwingen, nicht sich selbst, sondern ihn allein zu lieben.

Die Menschen haben alles getan und tun alles, was sie können, um diesen Zweck zu erreichen, und sehen zu gleicher Zeit, daß sie das Unmögliche tun. „Mein Leben ist das Streben nach dem Glück", sagt sich der Mensch. „Das Glück ist für mich nur möglich, wenn alle mich mehr lieben als sich selbst; alle Wesen aber lieben nur sich, folglich ist alles, was ich tue, um sie zu zwingen, mich zu lieben, nutzlos. Es ist nutzlos; und doch kann ich nichts anderes tun."

Jahrhunderte vergehen: die Menschen erkennen die Entfernung der Gestirne, bestimmen ihr Gewicht, erkennen die Beschaffenheit der Sonne und der Sterne, aber die Frage danach, wie die Forderung des persönlichen Glücks mit dem Leben der Welt, das die Möglichkeit dieses Glücks ausschließt, in Einklang zu bringen seien, bleibt für die Mehrzahl der Menschen eine ebenso unentschiedene Frage, wie sie es für die Menschen vor 5000 Jahren war.

Das vernünftige Bewußtsein sagt jedem Menschen: ja, du kannst das Glück besitzen, aber nur dann, wenn alle dich mehr lieben werden als sich selbst. Und dasselbe vernünftige Bewußtsein zeigt dem Menschen, daß dies nicht sein kann, weil alle nur sich selbst lieben. Und darum wird das einzige Glück, welches sich dem Menschen durch das vernünftige Bewußtsein eröffnet, durch dieses selbst wieder vor ihm verschlossen.

Jahrhunderte vergehen, und das Rätsel vom Glück des menschlichen Lebens bleibt für die Mehrzahl der Menschen ein unlösbares Rätsel. Und dabei ist das Rätsel längst, längst gelöst. Und allen denen, die die Lösung erfahren, scheint es immer merkwürdig, daß sie es nicht selbst erraten haben, – es kommt ihnen vor, als hätten sie es längst gewußt, und haben es nur vergessen; so einfach, so von selbst drängt sich die Lösung des Rätsels auf, das so schwierig erschienen war inmitten der falschen Lehren unserer Welt.

Du willst, daß alle für dich leben, daß alle dich mehr lieben als sich selbst? Es gibt nur einen Zustand, bei dem dein Wunsch erfüllt werden kann. Das ist ein Zustand, in dem alle Wesen für das Wohl der anderen leben und die anderen mehr lieben würden als sich selbst. Nur dann würdest du und würden alle Wesen von allen geliebt werden, dann würden alle und du mit ihnen eben das Wohl erlangen, das du wünschst. Wenn aber das Wohl für dich nur dann möglich ist, wenn alle Wesen die anderen mehr lieben als sich, so mußt auch du, lebendes Wesen, die anderen Wesen mehr lieben als dich selbst.

Nur unter dieser Bedingung ist das Glück und das Leben des Menschen möglich und nur unter dieser Bedingung wird auch das zu nichte gemacht, was das Leben des Menschen vergiftet hat, – der Kampf der Wesen, die Qual der Leiden und die Furcht vor dem Tod.

In der Tat: was ist es, wodurch das Glück der persönlichen Existenz unmöglich wird? Erstens der Kampf, den die Wesen, die ihr persönliches Glück suchen, untereinander führen. Zweitens die Täuschung des Genusses, der zur Abnützung des Lebens, zur Übersättigung, zum Leiden führt, und drittens – der Tod. Man braucht aber nur in Gedanken zuzugeben, daß der Mensch an die Stelle des Strebens nach dem Glück seiner Person das Streben nach dem Glück der anderen Wesen setzen kann, und die Unmöglichkeit des Glücks schwindet, und das Glück erscheint dem Menschen erreichbar.

Da der Mensch die Welt von seiner Vorstellung über das Leben aus betrachtete – als das Streben nach dem persönlichen Glück, sah er in der Welt den unvernünftigen Kampf einander vernichtender Wesen. Der Mensch braucht jedoch nur sein Leben in dem Streben nach dem Glück anderer zu erkennen, um in der Welt etwas ganz anderes zu erblicken, um neben den zufälligen Erscheinungen des Kampfes der Wesen das fortwährende Einander-Dienen dieser Wesen zu erblicken, – ein Dienen, ohne das die Existenz der Welt undenkbar ist.

Man braucht nur dies zuzugeben, und die ganze frühere unverständige, auf das unerreichbare Glück der Person gerichtete Tätigkeit wandelt sich in eine andere mit dem Gesetz der Welt übereinstimmende und auf Erringung des größtmöglichen Glücks des eigenen Ichs und der ganzen Welt gerichtete Tätigkeit.

Eine andere Ursache der Armseligkeit des persönlichen Lebens und der Unmöglichkeit des Glücks für den Menschen war: das Trügerische der Genüsse der Person, die das Leben verbraucht und zur Übersättigung und zu Leiden geführt haben. Der Mensch braucht nur sein Leben in dem Streben nach dem Wohl anderer zu erkennen, und der trügerische Durst nach Genüssen verschwindet; die müßige und quälende, auf das Füllen des bodenlosen Fasses der tierischen Person gerichtete Tätigkeit wandelt sich in die mit den Gesetzen der Vernunft übereinstimmende Tätigkeit der Erhaltung des für sein Glück notwendigen Lebens anderer Wesen, und an Stelle der die Tätigkeit des Lebens vernichtenden Qual des persönlichen Leidens tritt das Gefühl des Mitleids mit anderen, das unzweifelhaft eine fruchtbare und im höchsten Grade freudige Tätigkeit hervorbringt.

Die dritte Ursache der Armseligkeit des persönlichen Lebens war die Furcht vor dem Tod. Der Mensch braucht nur sein Leben nicht in dem Glück seiner tierischen Person zu erkennen, sondern in dem Wohl anderer Wesen, und das Schreckbild des Todes verschwindet auf immer vor seinen Augen.

Die Furcht vor dem Tode entsteht ja nur aus der Furcht, das Glück des Lebens durch dessen leiblichen Tod zu verlieren. Vermöchte der Mensch aber sein Glück in dem Glück anderer Wesen zu sehen, d. h. vermöchte er sie mehr zu lieben als sich selbst, so würde ihm der Tod nicht als das Ende des Glücks und des Lebens erscheinen, als welches er dem nur für sein Ich lebenden Menschen erscheint. Der Tod könnte dem für andere lebenden Menschen nicht als die Vernichtung des Glückes und des Lebens erscheinen, weil Glück und Leben anderer Wesen nicht nur nicht vernichtet werden durch den Tod des ihnen dienenden Menschen, sondern sehr oft durch das Opfer seines Lebens sogar erhöht und verstärkt werden.

19
Die Bestätigung der Forderungen des vernünftigen Bewußtseins

„Das ist aber nicht Leben", entgegnet das empörte, verirrte menschliche Bewußtsein. – „Das ist Verleugnung des Lebens, Selbstmord." „Von alledem weiß ich nichts", erwidert das vernünftige Bewußtsein, – „ich weiß, daß das Leben des Menschen so ist, und daß es kein anderes gibt, noch geben kann. Ich weiß mehr als das, – ich weiß, daß ein solches Leben das Leben und das Glück ist sowohl für den Menschen, wie für die ganze Welt. Ich weiß, daß bei dem früheren Begriff von der Welt mein Leben, wie das Leben alles Existierenden ein Übel und eine Sinnlosigkeit war, bei diesem Begriff aber ist es die Verwirklichung des Gesetzes der Vernunft, das dem Menschen eingepflanzt ist. Ich weiß, daß das allergrößte Glück des Lebens eines jeden Wesens, das bis zur Unendlichkeit gesteigert werden kann, nur durch dieses Gesetz erreicht werden kann, nach dem jeder allen und darum alle jedem dienen."

„Wenn dies auch vielleicht ein Gesetz sein kann in unserer Vorstellung, so ist es doch nicht ein Gesetz der Wirklichkeit", entgegnet das empörte, verirrte Bewußtsein des Menschen. „Jetzt lieben mich die anderen nicht mehr als sich selbst, und deshalb kann auch ich sie nicht mehr lieben als mich selbst, und um ihretwillen den Genüssen entsagen und mich dem Leiden preisgeben. Mich geht das Gesetz der Vernunft nichts an; ich will für mich Genüsse, ich will für mich Befreiung vom Leiden. Jetzt aber besteht ein Kampf der Wesen untereinander, und wenn ich allein nicht kämpfen werde, so werden mich die anderen erdrücken. Mir ist es gleichgültig, auf welche Weise in der Vorstellung die höchste Glückseligkeit erlangt wird, – ich brauche jetzt mein allerhöchstes wirkliches Glück", spricht das falsche Bewußtsein.

„Davon weiß ich nichts", erwidert das vernünftige Bewußtsein. „Ich weiß nur, daß das, was du deine Genüsse nennst, nur dann ein Glück für dich sein wird, wenn du sie nicht selbst nehmen, sondern wenn andere sie dir geben werden, und daß nur dann deine Genüsse zu Übersättigung und zu Leiden führen werden, wie sie es jetzt tun, wenn du selbst sie an dich reißen wirst. Nur dann wirst du dich auch von wirklichen Leiden befreien, wenn andere dich von ihnen befreien werden und nicht du selbst, – wie jetzt, wo du aus Furcht vor eingebildeten Leiden dich des Lebens selbst entäußerst."

„Ich weiß, daß das Leben der Person so beschaffen ist, daß es unumgänglich ist, daß alle nur mich lieben und ich nur mich allein liebe, und daß ich möglichst viele Genüsse erringen und mich von Leiden und Tod befreien könnte, daß dies ein ungeheueres und unaufhörliches Leiden ist. Je mehr ich mich selbst lieben und gegen die anderen kämpfen werde, um so mehr wird man mich hassen und um so erbitterter wird man gegen mich kämpfen; je mehr ich mich vor den Leiden schützen werde, um so quälender werden sie sein; je mehr ich mich vor dem Tode schützen werde, um so schrecklicher wird er sein.

Ich weiß, daß der Mensch – er mag tun, was er will, – all das nicht eher erlangen wird, als bis er übereinstimmend mit dem Gesetz seines Lebens leben wird. Das Gesetz seines Lebens aber ist nicht der Kampf, sondern im Gegenteil, das einander Dienen der Wesen.

Ich kenne aber das Leben nur in meiner Person. Mir ist es unmöglich, mein Leben in dem Glück anderer Wesen zu erkennen."

„Ich weiß davon nichts", sagt das vernünftige Bewußtsein, „ich weiß nur, daß mein Leben und das Leben der Welt, das mir anfangs als ein übler Unsinn erschien, mir jetzt als ein vernünftiges Ganzes erscheint, das lebt und durch die Unterwerfung unter das gleiche Gesetz der Vernunft, das ich in mir kenne, nach einem und demselben Glück strebt."

„Mir aber ist dies unmöglich!" sagt das verirrte Bewußtsein. Und dennoch gibt es auch keinen Menschen, der nicht eben dies Unmögliche täte, der in eben diesem Unmöglichen nicht irgend einmal das höchste Glück seines Lebens sähe.

„Es ist unmöglich, sein Glück in dem Glück anderer Wesen zu sehen!" – und dennoch gibt es keinen Menschen, dem nicht ein Zustand bekannt wäre, in dem das Glück der Wesen außerhalb seines Ichs sein eigenes Glück ausmachte. „Es ist unmöglich, das Glück in Mühen und Leiden für einen anderen zu sehen!" – und der Mensch braucht nur sich diesem Gefühle des Mitleids hinzugeben, und die Genüsse der Persönlichkeit verlieren ihren Reiz für ihn, und die Kraft seines Lebens geht über in die Mühen und Leiden für das Glück anderer, und die Leiden und Mühen werden zum Glück für ihn. „Es ist unmöglich, sein Leben dem Glück anderer zu opfern!" – und der Mensch braucht nur dies Gefühl kennenzulernen, so hört der Tod für ihn nicht nur auf, sichtbar und schecklich zu sein, sondern er erscheint ihm als das höchste ihm erreichbare Glück.

Der vernünftige Mensch kann nicht umhin, zu sehen, daß, wenn er in der Vorstellung die Möglichkeit zugibt, an die Stelle des Strebens nach dem eigenen Glück das Streben nach dem Glück anderer Wesen zu setzen, sein Leben, anstelle wie früher unvernünftig und armselig zu sein, vernünftig und glücklich wird. Er kann auch nicht umhin, zu sehen, daß, wenn man diese Auffassung des Lebens in Bezug auf andere Menschen und Wesen zugibt, das Leben der ganzen Welt, das sich früher als Unverstand und Grausamkeit darstellte, jetzt zum höchsten vernünftigen Glück wird, das der Mensch nur ersehnen mag, und es anstatt der früheren Sinn- und Zwecklosigkeit, für ihn einen vernünftigen Sinn erhält: Für einen solchen Menschen besteht das Leben der Welt in der unendlichen Erleuchtung und Einswerdung aller

Wesen auf der Welt, zu der das Leben sich hinbewegt und in der zuerst die Menschen, dann aber auch alle Wesen, indem sie sich immer mehr dem Gesetz der Vernunft unterwerfen, verstehen werden (das, was zu verstehen zunächst nur dem Menschen gegeben ist), daß das Lebensglück nicht durch das Streben jedes einzelnen Wesens nach seinem persönlichen Glück erreicht wird, sondern nur durch das vernunftgemäße Streben jedes Einzelnen nach dem Glück aller anderen.

Doch damit nicht genug: wenn der Mensch nur die Möglichkeit zugegeben hat, das Streben nach seinem Glück durch das Streben nach dem Glück anderer Wesen zu ersetzen, kann er nicht umhin,auch zu sehen, daß diese allmählich stetig zunehmende Verleugnung seiner Person und die Übertragung des Zweckes seiner Tätigkeit von sich auf andere Wesen eben der ganze Fortschritt der Menschheit ist und der lebenden Wesen, die dem Menschen am nächsten sind. Der Mensch kann nicht umhin, in der Geschichte zu erkennen, daß das Fortschreiten des allgemeinen Lebens nicht in der wachsenden Stärke und Zunahme des Kampfes der Wesen untereinander besteht, sondern, im Gegenteil, in der Verminderung der Uneinigkeit und in der Abnahme des Kampfes; daß das Fortschreiten des Lebens nur darin besteht, daß die Welt aus Feindschaft und Uneinigkeit durch die Unterwerfung unter die Vernunft immer mehr zur Eintracht und Einheit gelangt. Wenn der Mensch dies zugegeben hat, kann er nicht umhin, zu sehen, daß die sich untereinander auffressenden Menschen aufhören, einander aufzufressen; daß diejenigen, die ihre Gefangenen und ihre eigenen Kinder getötet haben, sie nicht mehr töten; daß die Soldaten, die sich des Mordes gerühmt haben, aufhören, sich dessen zu rühmen; daß die Begründer der Sklaverei diese aufheben; daß Menschen, die Tiere getötet haben, anfangen, sie zu zähmen und weniger zu töten; daß sie anfangen, statt von dem Körper der Tiere sich von ihren Eiern und ihrer Milch zu ernähren; daß sie auch im Pflanzenreich anfangen die Vernichtung der Pflanzen zu vermindern. Der Mensch sieht, daß die besten Menschen es tadeln, den Genüssen nachzujagen, und sie die Menschen zur Enthaltsamkeit aufrufen, die allerbesten von der Nachwelt gepriesenen Menschen aber Beispiele der Aufopferung ihrer Existenz für das Wohl anderer zeigen. Der Mensch sieht, daß eben das, was er bloß nach den Forderungen der Vernunft zugestanden hat, sich in der Welt wirklich vollzieht und durch das vergangene Leben der Menschheit bestätigt wird.

Doch auch damit nicht genug: noch stärker und überzeugender als durch Vernunft und Geschichte, gleichsam aus einer ganz anderen Quelle gespeist, wird der Mensch auf eben dies hingewiesen durch das Streben seines Herzens, das ihn als zu dem unmittelbaren Glück zu eben der Tätigkeit hinzieht, auf die ihn seine Vernunft hinweist und die sich in seinem Herzen als Liebe offenbart.

20

Die Forderung der Persönlichkeit erscheint unvereinbar mit der Forderung des vernünftigen Bewußtseins.

Die Vernunft, das Denken, die Geschichte, das innere Gefühl, alles, so scheint es, überzeugt den Menschen von der Richtigkeit einer solchen Auffassung des Lebens; trotzdem meint der Mensch, der in den Lehren der Welt erzogen wurde, die Befriedigung der Bedürfnisse seines vernünftigen Bewußtseins und seines Gefühls könne nicht das Gesetz seines Lebens sein.

„Nicht mit anderen kämpfen um das eigene persönliche Wohl, nicht nach Genüssen streben, nicht Leiden abwenden und nicht den Tod fürchten! Das ist ja unmöglich, das ist ja eine Verleugnung des ganzen Lebens! Und wie soll ich die Person verleugnen, wenn ich doch die Forderungen meiner Person empfinde und durch die Vernunft die Gesetzmäßigkeit dieser Forderungen erkennne" – sagen aus vollster Überzeugung die gebildeten Menschen unserer Welt.

Eine merkwürdige Erscheinung: die arbeitende Klasse, die einfachen Leute, die ihre Denkkraft wenig üben, verteidigen fast nie die Forderungen der Person und fühlen stets Forderungen in sich, die den Forderungen der Person entgegengesetzt sind; der vollständigen Verleugnung der Forderungen des vernünftigen Bewußtseins und namentlich der Widerlegung der Berechtigung dieser Forderungen und der Verteidigung der Rechte der Persönlichkeit begegnet man nur bei den reichen verfeinerten Menschen mit entwickeltem Denkvermögen.

Der entwickelte, verweichlichte, müßige Mensch wird stets zu beweisen suchen, daß die Person ihre unantastbaren Rechte habe. Der hungernde Mensch aber wird nicht beweisen wollen, daß der Mensch essen muß, – er weiß, daß alle das wissen und daß man das weder beweisen noch widerlegen kann: er wird bloß essen.

Das kommt daher, daß der einfache, der sogenannte ungebildete Mensch, der sein ganzes Leben hindurch mit dem Körper gearbeitet hat, seinen Verstand nicht verdorben, sondern ihn in seiner ganzen Reinheit und Kraft erhalten hat.

Der Mensch dagegen, der sein ganzes Leben hindurch nicht nur über nichtssagende kleinliche Dinge, sondern auch über Gegenstände nachgedacht hat, über die nachzudenken dem Menschen gar nicht eigen ist, hat seine Vernunft verunstaltet: seine Vernunft ist nicht mehr frei. Die Vernunft ist mit einer ihr nicht eigentümlichen Sache, mit dem Nachdenken über die Bedürfnisse der Person beschäftigt, mit der Entwicklung und der Steigerung dieser Bedürfnisse und mit dem Ersinnen von Mitteln zu ihrer Befriedigung.

„Ich fühle aber die Forderungen meiner Person, und darum sind diese Forderungen auch berechtigt", sagen die sogenannten gebildeten, in den Lehren der Welt erzogenen Menschen.

Und sie können nicht anders, als die Forderungen ihrer Person zu fühlen. Das ganze Leben dieser Menschen ist auf die vermeintliche Mehrung des Wohls der Person hin ausgerichtet. Das Wohl der Person aber sehen sie in der Befriedigung der Bedürfnisse. Bedürfnisse nennen sie alle *die* Bedingungen des Daseins der Person, auf die sie ihre Vernunft gerichtet haben. Die bewußten Bedürfnisse aber – solche, auf die die Vernunft gerichtet ist, – vermehren sich infolge dieses Bewußtseins stets bis ins Unendliche. Und die Befriedigung dieser vermehrten Bedürfnisse verbirgt ihnen die Forderungen ihres wahren Lebens.

Die sogenannte Gesellschaftswissenschaft stellt als Grundlage ihrer Forschungen die Lehre von den Bedürfnissen des Menschen auf und vergißt dabei den für diese Lehre unbequemen Umstand, daß der Mensch entweder gar keine Bedürfnisse hat, wie ein Mensch, der sich tötet oder dem Hunger preisgibt, oder buchstäblich eine zahllose Menge.

Bedürfnisse der tierischen Existenz des Menschen gibt es ebenso viele, als diese Existenz Seiten hat; Seiten aber hat sie ebensoviele wie die Kugel Durchmesser. Bedürfnisse des Essens, des Trinkens, des Atmens, der Übung aller Muskeln und Nerven; Bedürfnisse der Arbeit, der Erholung, des Vergnügens, des Familienlebens; Bedürfnisse der Wissenschaft, der Kunst, der Religion; in allen diesen Richtungen Bedürfnisse des Kindes, des

Jünglings, des Mannes, des Greises, des Mädchens, der Frau, der Greisin; Bedürfnisse des Chinesen, des Parisers, des Russen, des Lappländers. Bedürfnisse die den Gewohnheiten der Völker entsprechen, Bedürfnisse der Krankheiten ...

Man kann sie bis ans Ende aller Tage aufzählen, ohne all die Bedürfnisse herzuzählen, die die persönliche Existenz des Menschen ausmachen. Alle Bedingungen des Daseins können Bedürfnisse sein – und Bedingungen des Daseins gibt es eine unzählige Menge.

Bedürfnisse nennt man aber nur die Bedingungen, deren man sich bewußt wird. Die bewußten Bedingungen jedoch verlieren, sobald man sich ihrer bewußt wird, ihre wahre Bedeutung und nehmen die ganze übertriebene Bedeutung an, die ihnen die auf sie gerichtete Vernunft beilegt, und verhüllen das wirkliche Leben.

Das, was man Bedürfnisse nennt, d. h. die Bedingungen der tierischen Existenz des Menschen, kann man mit zahllosen dehnbaren Kügelchen vergleichen, aus denen man sich einen Körper zusammengesetzt denken könnte. Alle die Kügelchen sind einander gleich und haben alle Platz und sind nicht beengt, solange sie sich nicht ausdehnen, – auch alle Bedürfnisse sind sich gleich und haben Platz und werden nicht schmerzhaft empfunden, solange man sich ihrer nicht bewußt ist. Fängt man aber an, ein Kügelchen aufzublasen, so läßt es sich bald so aufblasen, daß es mehr Platz einnimmt als alle übrigen, daß es alle beengt und selbst beengt wird. Dasselbe gilt von den Bedürfnissen: man braucht nur das vernünftige Bewußtsein auf eines hinzulenken, gleich nimmt dieses bewußt gewordene Bedürfnis das ganze Leben ein und macht, daß das ganze Wesen des Menschen leidet.

21

Nicht die Verleugnung der Persönlichkeit wird gefordert, sondern ihre Unterwerfung unter das vernünftige Bewußtsein.

Ja, die Behauptung, daß der Mensch die Forderungen seines vernünftigen Bewußtseins nicht fühlt, und daß er bloß die Bedürfnisse der Person fühlt, ist nichts anderes als die Behauptung, daß unsere animalischen Gelüste, auf deren Steigerung wir unsere ganze Vernunft verwendet haben, uns beherrschen und uns unser wahres menschliches Leben vor uns verborgen haben. Das Unkraut der wuchernden Laster hat die Keime des wahren Lebens erstickt.

Und wie sollte das in unserer Welt auch anders sein, wenn von denen, die als die Lehrer der Menschen gelten, die Ansicht vertreten wurde und immer noch wird, daß die höchste Vollkommenheit des Menschen in der allseitigen Entwicklung der verfeinerten Bedürfnisse seiner Person besteht, daß das Glück der Menschen darin liegt, daß sie viele Bedürfnisse haben und sie zu befriedigen vermögen, daß das Glück der Menschen in der Befriedigung ihrer Bedürfnisse besteht.

Wie sollen denn Menschen, die in einer solchen Lehre erzogen sind, nicht behaupten, daß sie die Forderungen des vernünftigen Bewußtseins nicht fühlen, daß sie eben bloß die Bedürfnisse der Person empfinden? Wie sollten sie die Forderungen der

Vernunft fühlen, wenn ihre ganze Vernunft in der Steigerung ihrer Gelüste aufgegangen ist, und wie sollten sie die Forderungen ihrer Gelüste verleugnen, wenn diese Gelüste ihr ganzes Leben verschlungen haben?

„Die Verleugnung der Person ist unmöglich", sagen diese Menschen gewöhnlich und bemühen sich absichtlich, die Frage zu verdrehen und an Stelle des Begriffes der Unterwerfung der Person unter das Gesetz der Vernunft den Begriff ihrer Verleugnung unterzuschieben.

„Das ist widernatürlich", sagen sie, „und darum unmöglich." Aber es spricht ja gar niemand von der Verleugnung der Person. Die Person ist für den vernünftigen Menschen das, was das Atmen, der Blutkreislauf für die tierische Person ist. Wie sollte die tierische Person den Blutkreislauf verleugnen? Davon kann gar keine Rede sein. Ebensowenig kann der vernünftige Mensch auch von einer Verleugnung der Person sprechen. Die Person ist für den vernünftigen Menschen eine ebenso notwendige Bedingung seines Lebens, wie der Blutukreislauf eine Bedingung der Existenz seiner tierischen Person ist.

Die Person als tierische Person kann gar keine Forderungen stellen und stellt auch keine. Diese Forderungen werden von der falsch geleiteten Vernunft gestellt, – der Vernunft, die nicht gerichtet ist auf die Anleitung des Lebens, nicht auf seine Erleuchtung, sondern auf das Aufblasen der Gelüste der Person.

Die Forderungen der tierischen Person können immer befriedigt werden. Der Mensch braucht nicht zu sagen: was werde ich essen oder worin werde ich mich kleiden? Die Befriedigung all dieser Bedürfnisse ist dem Menschen ebenso gesichert wie dem Vogel und der Blume, wenn er das vernünftige Leben lebt. Und welcher denkende Mensch kann in Wirklichkeit glauben, daß er die Armseligkeit seiner Existenz durch die Sicherstellung seiner Person vermindern könnte?

Die Armseligkeit der Existenz des Menschen kommt nicht daher, daß er eine Person ist, sondern daher, daß er die Existenz seiner Person als das Leben und als das Glück betrachtet. Nur da entsteht der Widerspruch, der Zwiespalt, das Leiden des Menschen.

Die Leiden des Menschen beginnen erst dann, wenn er die Kraft seiner Vernunft auf die Verstärkung und Vergrößerung der bis ins Unendliche wachsenden Bedürfnisse der Person verwendet, um dadurch die Forderungen der Vernunft vor sich selbst zu verbergen.

Man kann und man soll die Person nicht verleugnen, ebensowenig wie man all den Bedingungen entsagen soll, in denen der Mensch existiert; man kann und man soll aber diese Bedingungen nicht als das Leben selbst betrachten. Man kann und soll die gegebenen Bedingungen des Lebens benutzen, man kann und soll aber diese Bedingungen nicht als den Zweck des Lebens ansehen. Nicht der Person, sondern dem Glück der Person entsagen und aufhören die Person für das Leben zu halten: das ist es, was der Mensch tun muß, damit es zur Einheit zurückkehre, und damit das Glück, das zu erstreben sein Leben ausmacht, ihm erreichbar sei.

Von den ältesten Zeiten her ist von den großen Lehrern der Menschheit die Lehre verkündet worden, daß die Gleichsetzung des Lebens mit der Person die Vernichtung des Lebens und die Verleugnung des Glückes der Person der Weg zur Erlangung des Lebens sei.

„Ja, was ist das aber? Ist das Buddhismus?" pflegen darauf die Menschen unserer Zeit zu sagen. – „Ist das Nirwana? Ist das Säulenheiligkeit?"

Und wenn sie das gesagt haben, glauben die Menschen unserer Zeit, daß sie mit dem größten Erfolg widerlegt haben, was alle sehr gut wissen und was vor niemandem verborgen werden kann: daß das persönliche Leben armselig ist und gar keinen Sinn hat.

„Das ist Buddhismus, Nirwana", sagen sie, und meinen, sie hätten mit diesen Worten alles widerlegt, was von Milliarden von Menschen anerkannt wird und was jeder von uns sehr gut weiß in der Tiefe seiner Seele – daß nämlich das Leben für die Ziele der Person verderblich und sinnlos ist und daß, wenn es irgend einen Ausweg aus dieser Verderblichkeit und Sinnlosigkeit gibt, dieser Ausweg unzweifelhaft durch die Verleugnung des Glückes der Person führt.

Daß die größere Hälfte der Menschheit das Leben in diesem Sinne aufgefaßt hat und auffaßt, daß die größten Geister das Leben ebenso aufgefaßt haben, daß man es überhaupt gar nicht anders auffassen kann, das beirrt sie durchaus nicht. Sie sind so überzeugt davon, daß alle Fragen des Lebens, wenn sie nicht auf die allerbefriedigendste Weise gelöst werden können, durch das Telefon, die Operette, die Bakteriologie, das elektrische Licht, das Roburit u. dergl. beseitigt werden, daß der Gedanke an einen Verzicht auf das Glück des persönlichen Lebens ihnen nur als ein Widerhall der Unwissenheit vergangener Zeiten erscheint.

Und diese Unglücklichen ahnen gar nicht, daß der roheste Inder, der Jahre hindurch auf einem Fuß steht, bloß um der Verleugnung des Glückes der Person willen, um des Nirwana willen, ein unvergleichlich lebendigerer Mensch ist als sie, die vertierten Menschen unserer gegenwärtigen europäischen Gesellschaft, die den Erdball auf Eisenbahnen durchfliegen und ihren viehischen Zustand der ganzen Welt bei elektrischem Licht zeigen. Dieser Inder hat begriffen, daß zwischen dem Leben der Person und dem Leben der Vernunft ein Widerspruch besteht, und er löst diesen Widerspruch, wie er es versteht; die Menschen unserer gebildeten Welt dagegen haben diesen Widerspruch nicht nur nicht begriffen, sie glauben gar nicht einmal, daß er da ist. Die These, das menschliche Leben sei nicht die Existenz der Person des Menschen, die Errungenschaft einer tausendjährigen geistigen Arbeit der gesamten Menschheit, – diese These ist für den Menschen (nicht den tierischen) in der sittlichen Welt nicht nur zu einer ebenso sicheren, sondern zu einer viel bezweifelten und viel unumstößlicheren Wahrheit geworden, als die Bewegung der Erde und die Gesetze der Schwerkraft. Jeder denkende Mensch, der Gelehrte, der ungebildete, der Greis, das Kind, begreift und weiß das; verborgen ist es nur den allerwildesten Menschen in Afrika und Australien und den verwilderten, in ihrem Besitz gesicherten Menschen in den Städten und Residenzen Europas. Diese Wahrheit ist das Erbe der Menschheit geworden und wenn die Menschheit in ihren Nebenwissenschaften, der Mechanik, der Algebra, der Astronomie, nicht rückwärts geht, kann sie umsoweniger in der Grund- und Hauptwissenschaft der Erklärung ihres Lebens rückwärts gehen. Das zu vergessen und aus dem Bewußtsein der Menschheit zu verwischen, was sie in ihrem viele Jahrtausende langen Leben errungen hat, die Aufklärung über die Richtigkeit, Sinnlosigkeit und Armseligkeit des persönlichen Lebens, ist unmöglich. Die Versuche der Wiederherstellung der vorsintflutlichen rohen Ansicht vom Leben als einer persönlichen Existenz, mit denen die sogenannte Wissenschaft unserer europäischen Welt beschäftigt ist, zeigen nur noch deutlicher das Wachstum des vernünftigen Bewußtseins der Menschheit, zeigen bis zur Offensichtlichkeit, wie sehr die Menschheit bereits ihrem Kinderkleid entwachsen ist. Und die philosophischen Theorien der Selbstverleugnung und die Praxis der in entsetzlichem Verhältnis sich vermehrenden Selbstmorde zeigen die Unmöglichkeit der Rückkehr der Menschheit zu einer längst überlebten Stufe der Erkenntnis.

Das Leben als persönliche Existenz hat die Menschheit durchlebt; zu ihm zurückzukehren ist unmöglich, und ebenso unmöglich ist es, zu vergessen, daß die persönliche Existenz des Menschen keinen Sinn hat. Was wir auch schreiben und sagen und entdecken mögen, wie sehr wir unser persön-liches Leben auch vervollkommnen mögen, – die Verneinung der Möglichkeit des Glückes der Person bleibt eine unerschütterliche Wahrheit für jeden vernünftigen Menschen unserer Zeit.

„Und sie bewegt sich doch!" Nicht darum handelt es sich, die Thesen des Galilei oder des Kopernikus zu widerlegen und neue Ptolomäische Kreise zu erfinden – die kann man nicht mehr erfinden –, es handelt sich darum, daß man weiter geht, daß man weitere Schlüsse zieht aus dem Satz, der bereits in das allgemeine Bewußtsein der Menschheit übergegegangen ist. Dasselbe gilt auch von dem Satz über die Unmöglichkeit des Glückes der Person, den bereits die Brahmanen und Buddha und Laotse und Salomon und die Stoiker und alle wahren Denker der Menschheit ausgesprochen haben. Nicht vor sich verbergen muß man den Grundsatz, nicht ihn mit allen Mitteln umgehen, sondern ihn frei und offen anerkennen und die weiteren Schlüsse aus ihm ziehen.

22

Das Gefühl der Liebe ist die Offenbarung der Tätigkeit der dem vernünftigen Bewußtsein unterworfenen Person.

Für die Ziele der Person zu leben, ist einem vernünftigen Wesen unmöglich. Unmöglich, weil alle Wege ihm verboten, alle Ziele, nach denen die tierische Person des Menschen strebt, ihm augenscheinlich unerreichbar sind. Das vernünftige Bewußtsein weist auf andere Ziele hin, und diese Ziele sind nicht nur erreichbar, sondern geben auch dem vernünftigen Bewußtsein des Menschen volle Befriedigung; anfangs aber glaubt der Mensch unter dem Einfluß der falschen Lehre der Welt, diese Ziele stünden im Widerspruch zu seiner Person.

Wie sehr auch der in unserer Welt erzogene Mensch mit den entwickelten, gesteigerten Gelüsten der Persönlichkeit sich bemühen mag, sich in seinem vernünftigen Ich zu erkennen, er fühlt in diesem Ich nicht das Streben nach dem Leben, das er in seiner tierischen Person empfindet. Das vernünftige Ich betrachtet gewissermaßen das Leben, lebt aber nicht selbst und hat nicht den Trieb zum Leben. Das vernünftige Ich fühlt keinen Drang nach dem Leben, das tierische Ich aber muß leiden, und darum bleibt nichts anderes übrig, als sich vom Leben zu befreien.

So gewissenlos lösen diese Frage die pessimistischen Philosophen unserer Zeit (Schopenhauer, Hartmann), die das Leben verneinen und es doch behalten und von der Möglichkeit, es zu verlassen, keinen Gebrauch machen. Und so gewissenhaft lösen diese Frage die Selbstmörder, die ein Leben verlassen, das ihnen nichts als Übel bietet.

Der Selbstmord erscheint ihnen als der einzige Ausweg aus der Unvernunft des menschlichen Lebens unserer Zeit.

Der Gedankengang der pessimistischen Philosophen und der allergewöhnlichsten Selbstmörder ist der: es gibt ein tierisches Ich, in dem der Trieb zum Leben wirkt. Dieses Ich mit seinem Triebe kann nicht befriedigt werden; es gibt ein anderes Ich, das vernünftige, in dem gar kein Trieb zum Leben liegt, das die ganze falsche Lebensfreudigkeit und Leidenschaftlichkeit des tierischen Ichs nur kritisch betrachtet und sie vollständig leugnet.

Ergebe ich mich dem ersten,so sehe ich, daß ich sinnlos lebe und dem Unheil entgegengehe und immer mehr und mehr in ihm versinke. Ergebe ich mich dem zweiten, dem *vernünftigen* Ich, – so bleibt mir kein Trieb zum Leben. Ich sehe, daß das Leben um des einen willen, um dessentwillen ich leben möchte, um des Wohles der Person willen abgeschmackt und unmöglich ist. Um des vernünftigen Bewußtseins willen dagegen könnte man leben, es hätte aber keinen Zweck, und ich möchte es nicht. Jenem Anfang dienen, von dem ich ausgegangen bin, Gott? Wozu? Gott, wenn es ihn gibt, wird auch ohne mich Diener finden. Wozu sollte ich es tun? Man kann diesem ganzen Spiel des Lebens zusehen, so lange es nicht langweilt. Wird es aber langweilig, – so kann man davongehen, sich töten. Und das tue ich auch.

Dies ist die widerspruchsvollste Vorstellung vom Leben, die die Menschheit bereits vor Salomon, vor Buddha erlangt hatte und zu der die falschen Lehrer unserer Zeit sie zurückführen wollen.

Die Forderungen der Person sind bis zu den äußersten Grenzen der Unvernunft gelangt. Die erwachte Vernunft verleugnet sie. Die Forderungen der Person aber haben sich so vermehrt, haben das Bewußtsein des Menschen so verbaut, daß er meint, die Vernunft verleugne das ganze Leben. Er meint, wenn man aus seinem Bewußtsein des Lebens alles ausscheiden würde, was seine Vernunft leugnet, würde nichts übrig bleiben. Er sieht das, was übrig bleibt, gar nicht mehr. Der Rest, – *der* Rest, in dem eben das Leben ist, erscheint ihm als ein Nichts.

Das Licht aber leuchtet in der Finsternis, und die Finsternis kann es nicht umfangen.

Die Lehre der Wahrheit kennt dies Dilemma – entweder eine sinnlose Existenz oder Verzicht auf Sein – und sie löst es.

Die Lehre, die auch stets die Lehre vom Glück genannt worden ist, die Lehre der Wahrheit, hat den Menschen gezeigt, daß anstatt jenes trügerischen Wohles, das sie für die tierische Person suchen, sie ein ihnen unentreißbares und stets zugängliches wahres Glück haben könnten, nicht irgendwann, nicht irgendwo, sondern immer, hier und sofort.

Dieses Glück ist nicht bloß etwas, das sie aus ihren Betrachtungen gefolgert hätten; es ist nicht etwas, was irgendwo aufgesucht werden müßte; es ist nicht ein irgendwo, irgendwann verheißenes Glück, es ist vielmehr jenes dem Menschen nur zu gut bekannte Glück, nach dem jede unverdorbene menschliche Seele unmittelbar strebt.

Alle Menschen wissen von frühester Kindheit an, daß es außer dem Wohl der tierischen Person noch ein anderes besseres Wohl des Lebens gibt, das nicht nur unabhängig ist von der Befriedigung der Gelüste der tierischen Person, sondern auch um so größer zu sein pflegt, je größer die Verleugnung des Wohls der tierischen Person ist.

Dieses Gefühl, das alle Widersprüche des menschlichen Lebens löst und dem Menschen das größte Glück gibt, ist allen Menschen bekannt. Dieses Gefühl ist *die Liebe*.

Das Leben ist die Tätigkeit der tierischen, dem Gesetz der Vernunft unterworfenen Person. Die Vernunft ist dasjenige Gesetz, dem die tierische Person des Menschen um seines Glückes willen unterworfen sein muß. Die Liebe ist die einzige vernünftige Tätigkeit des Menschen.

Die tierische Person strebt nach dem Wohl; die Vernunft zeigt dem Menschen das Trügerische des persönlichen Wohls und duldet nur einen Weg. Die Tätigkeit auf diesem Weg ist die Liebe.

Die tierische Person des Menschen verlangt nach dem Wohl; das vernünftige Bewußtsein zeigt dem Menschen die Armseligkeit aller einander bekämpfenden Wesen, es zeigt ihm, daß es für seine tierische Person kein Glück geben kann, zeigt ihm, daß das einzige für ihn mögliche Glück ein solches wäre, bei dem es weder einen Kampf mit anderen Wesen, noch ein Aufhören des Glücks, noch Übersättigung gäbe, bei dem es keine Voraussicht und keine Schrecken des Todes gäbe.

Und siehe da! Wie einen Schlüssel, der eigens zu diesem Schloß gemacht zu sein scheint, findet der Mensch in seiner Seele ein Gefühl, das ihm dasjenige Glück gibt, auf das ihn seine Vernunft als auf das einzig mögliche hinweist. Und dieses Gefühl löst nicht nur den früheren Widerspruch des Lebens, es findet gleichsam gerade in diesem Widerspruch die Möglichkeit seiner Offenbarung.

Die tierischen Personen wollen zu ihren Zwekken sich der Person des Menschen bedienen. Aber das Gefühl der Liebe treibt ihn dazu, seine Existenz dem Nutzen anderer Wesen zu weihen.

Die tierische Person leidet. Und eben diese Leiden und deren Linderung bilden den Hauptgegenstand der Tätigkeit der Liebe. Die tierische Person eilt, indem sie nach dem Glück strebt, mit jedem Atemzug dem schlimmsten Übel zu, – dem Tod, dessen Voraussicht jedes Glück der Person gestört hat. Das Gefühl der Liebe aber vernichtet nicht bloß diese Furcht, sondern treibt auch den Menschen zu dem letzten Opfer, zu dem Opfer seiner leiblichen Existenz für das Wohl anderer.

23

Das Gefühl der Liebe kann sich unmöglich Menschen offenbaren, die den Sinn des Lebens nicht verstehen.

Jeder Mensch weiß, daß in dem Gefühl der Liebe etwas Besonderes liegt, das alle Widersprüche des Lebens zu lösen und dem Menschen jenes vollkommene Glück zu geben vermag, das zu erstreben sein Leben ausmacht.

„Das ist doch aber ein Gefühl, das nur selten kommt, nicht lange dauert und dessen Folgen noch schlimmere Leiden sind", sagen die Menschen, die das Leben nicht verstehen.

Diesen Menschen ercheint die Liebe nicht als die einzige gesetzmäßige Offenbarung des Lebens, als welche sie dem vernünftigen Bewußtsein erscheint, sondern bloß als eine von den Tausenden verschiedener Zufälligkeiten, wie sie im Leben vorkommen, – sie erscheint ihnen als eine jener tausend verschiedenartigen Stimmungen, in denen der Mensch sich während seiner Existenz befindet: es kommt vor, daß der Mensch den Prahlhans spielt, es kommt vor, daß er sich der Wissenschaft oder der Kunst widmet, es kommt vor, daß er vom Dienst, vom Ehrgeiz, vom Erwerb begeistert ist, es kommt vor, daß er jemand liebt. Der Zustand der

Liebe erscheint den Menschen, die das Leben nicht verstehen, – nicht als das Wesentliche des menschlichen Lebens, sondern als ein zufälliger Zustand, der ebenso unabhängig vom Willen ist wie alle anderen Zustände auch, die der Mensch während seines Lebens erfährt. Man kann sogar oft Urteile hören und darüber lesen, daß die Liebe eine gewisse anormale, den regelmäßigen Gang des Lebens störende – quälende Stimmung ist, der Stimmung ähnlich, die die Eule beschleicht, wenn die Sonne aufgeht.

Allerdings fühlen auch diese Menschen, daß in dem Zustand der Liebe etwas Besonderes, etwas Bedeutsameres liegt, als in allen anderen Stimmungen. Da sie aber das Leben nicht verstehen, können diese Menschen auch die Liebe nicht begreifen, und der Zustand der Liebe erscheint ihnen ebenso armselig und ebenso trügerisch wie alle anderen Zustände.

„Lieben ... wen lieben?
Nicht lohnt es der Mühe für Tage und Stunden
Und ewige Liebe ward niemals gefunden."

Diese Worte drücken genau das unbestimmte Bewußtsein der Menschen aus, daß in der Liebe die Rettung aus den Armseligkeiten des Lebens und das alleinige gewisse Etwas liegt, das dem wahren Glück ähnlich sieht, zugleich aber auch das Eingeständnis, daß für Menschen, die das Leben nicht verstehen, die Liebe kein Rettungsanker sein kann. Es fehlt der, den man lieben könnte, und jede Liebe vergeht. Und deshalb könnte die Liebe nur dann ein Glück sein, wenn jemand da wäre, den man lieben könnte, und wenn der da wäre, den man ewig lieben könnte. Da aber kein solcher da ist, so ist auch in der Liebe keine Rettung, und die Liebe ist eine ebensolche Täuschung und ein ebensolches Leiden wie alles Übrige.

Und so und nicht anders können *die* Menschen die Liebe verstehen, die da lehren und selbst gelernt haben, daß das Leben nichts anderes ist, als ein tierisches Dasein.

Für solche Menschen entspricht die Liebe nicht einmal dem Begriff, den wir unwillkürlich mit dem Wort Liebe verbinden. Sie ist nicht eine gute den Liebenden sowie den Geliebten beglückende Tätigkeit. Die Liebe ist sehr oft in der Vorstellung der Menschen, die das Leben in der tierischen Existenz begreifen, dasselbe Gefühl, infolgedessen die eine Mutter für das Wohl ihres Kindes einem anderen hungernden Kind die Milch seiner Mutter entzieht und unter der Unruhe um den Erfolg der Ernährung leidet; dasselbe Gefühl, in dem der qualvoll sich mühende Vater hungernden Menschen das letzte Stück Brot entreißt, um seine Kinder vor Hunger zu schützen; es ist das Gefühl, durch das der, der eine Frau liebt, unter dieser Liebe leidet und sie leiden macht, indem er sie verführt oder sich und sie aus Eifersucht zu Grunde richtet; das Gefühl infolgedessen es sogar vorkommt, daß der Mann aus Liebe einer Frau

Gewalt antut; es ist das Gefühl, unter dessen Einfluß die Menschen *einer* Gemeinschaft denen einer anderen Schaden zufügen, um für die Ihrigen einzustehen; es ist das Gefühl, um dessentwillen der Mensch sich über seiner Lieblingsbeschäftigung abquält und durch eben diese Beschäftigung den ihn umgebenden Menschen Kummer und Leiden verursacht; es ist das Gefühl, um dessentwillen die Menschen keine Kränkung des geliebten Vaterlandes ertragen können und die Felder mit Toten und Verwundeten, eigenen und fremden, bedecken.

Doch damit nicht genug, bietet die Tätigkeit der Liebe für die Menschen, die das Leben in dem Wohl der tierischen Person erkennen, derartige Beschwerlichkeiten, daß ihre Kundgebungen nicht nur quälen, sondern oft sogar unerträglich werden. „Wir sollen über die Liebe keine Betrachtungen anstellen – sagen gewöhnlich die Menschen, die das Leben nicht verstehen – wir sollen uns vielmehr jenem unmittelbaren Gefühl der Bevorzugung, der Zuneigung, die wir für die Menschen empfinden, hingeben, und das gerade ist die wahre Liebe."

Sie haben darin recht, daß man über die Liebe keine Betrachtungen anstellen soll, daß jede Betrachtung über die Liebe die Liebe zerstört. Die Sache ist aber die, daß nur die Menschen es vermögen, keine Betrachtungen über die Liebe anzustellen, die ihre Vernunft bereits dazu angewandt haben, das Leben zu begreifen, und die dem Wohl des persönlichen Lebens entsagt haben; *die* Menschen dagegen, die das Leben nicht begriffen haben und für das Wohl der tierischen Person leben, können es nicht vermeiden, Betrachtungen anzustellen. Sie müssen das tun, um sich dem Gefühl hinzugeben, das sie Liebe nennen. Jede Äußerung dieses Gefühls ist für sie unmöglich ohne Überlegungen, ohne die Lösung unlösbarer Fragen.

In der Tat, die Menschen geben ihrem Säugling, ihren Freunden, ihren Frauen, ihren Kindern, ihrem Vaterland den Vorzug vor allen anderen Kindern, Frauen, Freunden, Ländern – und nennen dieses Gefühl Liebe.

Lieben im allgemeinen heißt das Gute tun. So verstehen wir alle die Liebe und können sie nicht anders verstehen. Und nun liebe ich mein Kind, meine Frau, mein Vaterland, d. h. ich wünsche meinem Kind, meiner Frau, meinem Vaterland mehr Gutes als anderen Kindern, anderen Frauen und anderen Ländern. Es kommt nie vor und kann nie vorkommen, daß ich *nur mein* Kind oder *nur meine* Frau oder *nur mein* Vaterland liebe. Jeder Mensch liebt zugleich *sein* Kind, *seine* Frau und *sein* Vaterland und die Menschen im allgemeinen. Die Bedingungen des Glückes indessen, das er, seiner Liebe nach, den verschiedenen geliebten Wesen wünscht, sind so miteinander verbunden, daß jede Liebestätigkeit des Menschen für das eine der geliebten Wesen seine Tätigkeit für die anderen nicht nur stört, sondern diesen sogar zum Nachteil gereicht.

Und nun tauchen die Fragen auf, – zu Gunsten welcher Liebe und wie soll man handeln? Zu Gunsten welcher Liebe soll man die andere Liebe opfern? Wen soll man mehr lieben und wem mehr Gutes tun – der Frau oder den Kindern, der Frau und den Kindern oder den Freunden? Wie soll man dem geliebten Vaterland dienen, ohne die Liebe zur Frau, zu den Kindern und zu den Freunden zu verletzen?

Wie schließlich soll ich *die* Fragen entscheiden, inwieweit ich meine Person, deren ich zum Dienst an anderen bedarf, opfern darf, in welchem Grad ich für mich selbst sorgen darf, um liebend anderen zu dienen? Alle diese Fragen erscheinen *den* Menschen höchst einfach, die nie versucht haben, sich über das Gefühl Rechenschaft abzulegen, das sie Liebe nennen; sie sind jedoch nicht nur nicht einfach, sie sind sogar vollkommen unlösbar.

Und nicht umsonst hat der Schriftgelehrte an Christus dieselbe Frage gestellt: wer ist mein Nächster? Die Beantwortung dieser Frage erscheint nur den Menschen sehr leicht, die die wirklichen Bedingungen des menschlichen Lebens übersehen.

Nur wenn die Menschen Götter wären, wie wir sie uns vorstellen, nur dann könnten sie bloß auserwählte Menschen lieben; auch nur dann könnte der Vorzug der einen vor den anderen die wahre Liebe sein. Die Menschen sind aber keine Götter, sondern stehen unter denselben Daseinsbedingungen, unter denen alle lebenden Wesen immer leben – die einen durch die anderen, eines das andere auffressend, im einfachen wie im bildlichen Sinn; und der Mensch als ein vernünftiges Wesen muß dies wissen und sehen. Er muß wissen, daß jedes leibliche Wohl von dem einen Wesen nur erlangt wird auf Kosten eines anderen.

Wie sehr auch religiöser und wissenschaftlicher Aberglaube den Menschen von einem zukünftigen goldenen Zeitalter überzeugen möchte, in dem alle alles zu Genüge besitzen würden, der vernünftige Mensch weiß und sieht doch, daß das Gesetz seines zeitlichen und räumlichen Daseins ein Kampf gegen jeden ist, Kampf eines jeden gegen jeden und gegen alle.

In diesem Drang und Kampf der tierischen Interessen, die das Leben der Welt ausmachen, ist es dem Menschen nicht möglich, Auserwählte zu lieben, wie die Menschen sich einbilden, die das Leben nicht verstehen. Der Mensch, wenn er auch Auserwählte liebt, liebt doch nie nur einen Einzigen. Jeder Mensch liebt seine Mutter, seine Frau, sein Kind, seine Freunde, sein Vaterland und sogar alle Menschen. Und die Liebe ist kein bloßes Wort (und das ist die Meinung aller), sondern eine auf das Wohl anderer gerichtete Tätigkeit. Diese Tätigkeit aber vollzieht sich nicht in einer bestimmten Ordnung, so daß sich zuerst dem Menschen die Forderungen seiner allerheftigsten Liebe offenbaren würden, dann die der weniger heftigen u.s.w. Die Forderungen der Liebe offenbaren sich fortwährend alle zusammen ohne jegliche Ordnung.

Soeben kommt ein hungriger Greis, den ich ein wenig liebe, und bittet um das Essen, das ich zum Abendbrot meiner vielgeliebten Kinder aufbewahre; wie soll ich die Forderungen der augenblicklichen weniger heftigen Liebe gegen die zukünftigen Forderungen der stärkeren Liebe abwägen?

Diese Fragen eben wurden von dem Schriftgelehrten an Christus gestellt mit den Worten: „Wer ist denn mein Nächster?" In der Tat, wie soll man entscheiden, wem und in welchem Maße man dienen soll? Ob den Menschen oder dem Vaterland? Dem Vaterland oder seinen Freunden oder seiner Frau? Seiner Frau oder seinem Vater? Seinem Vater oder seinen Kindern, seinen Kindern oder sich selbst (um imstande zu sein, wenn nötig, anderen zu dienen)?

Das sind doch alles Forderungen der Liebe, und sie alle sind miteinander verflochten, so daß die Befriedigung der einen dem Menschen die Möglichkeit nimmt, den anderen zu genügen. Wenn ich aber zugebe, daß es möglich ist, ein frierendes Kind nicht zu bekleiden, weil meine Kinder einmal die Kleidung, um die man mich bittet, brauchen könnten, so kann ich auch im Namen meiner zukünftigen Kinder mich anderen Forderungen der Liebe entziehen.

Dasselbe gilt auch von der Liebe zum Vaterland, zu der gewählten Beschäftigung und zu anderen Menschen. Wenn der Mensch die Forderung der allergeringsten Liebe der Gegenwart zu Gunsten der Forderung der allergrößten Liebe der

Zukunft abschlagen kann, ist es dann nicht klar, daß ein solcher Mensch, wenn er es auch aus allen Kräften wünschen sollte, nie imstande sein wird abzuwägen, inwieweit er die Forderungen der Gegenwart zu Gunsten der Zukunft abschlagen darf, und daß er darum, außerstande eine solche Frage zu entscheiden, stets diejenige Kundgebung der Liebe wählen wird, die ihm angenehm ist? Und das bedeutet: er wird nicht zu Gunsten der Liebe handeln, sondern zu Gunsten seiner Persönlichkeit. Wenn der Mensch feststellt, daß es für ihn besser ist, sich den Forderungen der geringeren Liebe der Gegenwart um einer anderen zukünftigen Kundgebung einer größeren Liebe willen zu entziehen, so täuscht er entweder sich selbst oder andere und liebt niemand außer sich selbst.

Eine Liebe in der Zukunft gibt es nicht; die Liebe ist immer eine Tätigkeit in der Gegenwart. Der Mensch aber, der keine Liebe in der Gegenwart äußert, besitzt keine Liebe.

Es ist der gleiche Vorgang wie bei der Vorstellung von dem Leben *der* Menschen, die kein Leben besitzen. Wenn die Menschen Tiere wären und keine Vernunft besäßen, würden sie auch wie Tiere existieren und über das Leben nicht nachdenken; und ihre tierische Existenz würde eine rechtmäßige und glückliche sein. Ebenso ist es mit der Liebe; wenn die Menschen Tiere wären ohne Vernunft, so würden sie diejenigen lieben, die diese lieben: ihre Jungen, ihre Herden, – und würden nicht wissen, daß sie ihre Jungen und ihre Herden lieben, und würden auch nicht wissen, daß andere Tiere ihre Jungen und andere Herden die Gefährten ihrer Herden lieben, und ihre Liebe würde die Liebe und das Leben sein, wie es auf der Stufe des Bewußtseins, auf der sie sich befinden, möglich wäre.

Die Menschen sind aber vernünftige Wesen und können nicht umhin, zu sehen, daß andere Wesen die gleiche Liebe zu den Ihrigen besitzen wie sie, und daß deshalb viele Gefühle der Liebe aufeinander stoßen und nicht etwas Gutes, sondern etwas dem Begriffe der Liebe ganz Entgegengesetztes hervorbringen müssen.

Wenn aber die Menschen ihre Vernunft dazu verwenden, um jenes tierische ungute Gefühl, das sie Liebe nennen, zu rechtfertigen und zu verstärken, indem sie diesem Gefühl unförmige Dimensionen verleihen, so hört dieses Gefühl nicht nur auf, ein gutes zu sein, sondern es macht den Menschen – dies ist eine längst bekannte Wahrheit – zum allerboshaftesten und allerschrecklichsten Tier. Es geschieht das, was im Evangelium gesagt ist: „Wenn das Licht, das in dir ist, Finsternis ist, wie ist dann die Finsternis?" Wenn in dem Menschen nichts wäre, als die Liebe zu sich und zu seinen Kindern, so existierten 99 Prozent jenes Bösen nicht, das jetzt unter den Menschen herrscht. Diese 99 Prozent an Bösem unter den Menschen entstehen aus jenem falschen Gefühl, das sie verherrlichend Liebe nennen, und das der Liebe ebenso ähnlich ist wie das Leben des Tieres dem Leben des Menschen.

Das, was die Menschen, die das Leben nicht verstehen, Liebe nennen, sind nur gewisse Bevorzugungen der einen Bedingungen des Wohles ihrer Persönlichkeit vor den anderen. Wenn der Mensch, der das Leben nicht versteht, sagt, daß er seine Frau oder sein Kind oder seinen Freund liebt, so sagt er damit nur, daß seiner Frau, seines Kindes oder Freundes Anwesenheit in seinem Leben das Wohl seines persönlichen Lebens erhöht.

Diese Bevorzugungen stehen zu der Liebe in demselben Verhältnis wie das Dasein zum Leben. Und wie von den Menschen, die das Leben nicht verstehen, das Dasein Leben genannt wird, so wird auch von eben diesen Menschen die Bevorzugung der einen Bedingungen des persönlichen Daseins vor den anderen Liebe genannt.

Diese Gefühle – die Vorliebe für gewisse Wesen, wie z. B. für die eigenen Kinder, oder selbst für gewisse Beschäftigungen, wie z. B. für die Wissenschaft, für die Künste – nennen wir auch Liebe; aber solche Gefühle der Vorliebe, die unendlich verschiedenartig sind, bilden die ganze Kompliziertheit des sichtbaren greifbaren tierischen Lebens des Menschen und können nicht Liebe genannt werden, weil ihnen das Hauptmerkmal der Liebe fehlt – die Tätigkeit, die das Wohl zum Zweck und zur Folge hat.

Die Leidenschaftlichkeit der Äußerungen dieser Bevorzugungen zeigt bloß die Energie der tierischen Person. Die Leidenschaftlichkeit der Bevorzugung des einen Menschen vor den anderen, die man fälschlich Liebe nennt, ist nur ein Wildling, auf den die wahre Liebe gepfropft werden und auf dem sie ihre Früchte tragen kann. Wie aber der Wildling kein Apfelbaum ist und keine Früchte, oder nur bittere anstatt süße trägt, so ist auch die Vorliebe keine Liebe und tut den Menschen nichts Gutes oder bringt noch größere Übel hervor. Und deshalb entsteht auch das größte Übel für die Welt aus der soviel gepriesenen Liebe zur Frau, zu den Kindern, zu den Freunden, gar nicht zu reden von der Liebe zur Wissenschaft, zur Kunst, zum Vaterland, die nichts anderes ist, als eine zeitweilige Bevorzugung gewisser Bedingungen des tierischen Lebens vor anderen.

24

Die wahre Liebe ist die Folge der Verleugnung des Wohls der Person.

Die wahre Liebe wird nur dann möglich, wenn man dem Wohl seiner tierischen Person entsagt.

Die Möglichkeit der wahren Liebe beginnt erst dann, wenn der Mensch begriffen hat, daß es kein Wohl seiner tierischen Person für ihn gibt. Erst dann gehen alle Säfte seines Lebens über in das eine veredelte Pfropfreis der wahren Liebe, das sich dann schon mit allen Kräften des wilden Stammes ausbreitet. Die Lehre Christi ist eben das Pfropfreis dieser Liebe, wie er selbst es auch gesagt hat. Er hat gesagt, daß er, seine Liebe, eben der eine Weinstock ist, der Früchte tragen kann, und daß jeder Zweig, der keine Frucht trägt, abgehauen wird.

Nur derjenige, der nicht nur begriffen, sondern durch das Leben erfahren hat, daß „wer sein Leben erhalten will, der wird es verlieren; wer aber sein Leben verlieret um meinetwillen, der wird es finden" – nur wer begriffen hat, daß derjenige, der seine Seele liebt, sie verlieren, wer aber seine Seele in dieser Welt haßt, sie bewahren wird im ewigen Leben, nur der allein wird die wahre Liebe kennen lernen.

„Wer Vater oder Mutter mehr liebet denn mich, der ist meiner nicht wert. Und wer Sohn oder

Tochter mehr liebet denn mich, der ist meiner nicht wert. Wenn ihr die liebet, die euch lieben, so ist das keine Liebe. Liebet eure Feinde, liebet die euch hassen."

Nicht infolge der Liebe zum Vater, zum Sohn, zur Frau, zu Freunden, zu guten und lieben Menschen, wie man es gewöhnlich annimmt, entsagen die Menschen ihrer Person, sondern nur infolge der Erkenntnis der Nichtigkeit des Daseins der Person, der Erkenntnis der Unmöglichkeit ihres Glücks, und darum lernt der Mensch durch die Verleugnung des Lebens der Person die wahre Liebe kennen und kann den Vater, den Sohn, die Frau, die Kinder und die Freunde wahrhaft lieben.

Die Liebe ist die Bevorzugung anderer Wesen vor sich selbst – vor seiner tierischen Person.

Das Vergessen der allernächsten Interessen der Person zur Erreichung der entfernten Ziele eben dieser Person, wie es bei der sogenannten Liebe zu sein pflegt, die nicht aus der Selbstverleugnung hervorgewachsen ist, ist nur die Bevorzugung der einen Wesen vor den anderen um des persönlichen Wohles willen. Die wahre Liebe muß, bevor sie zu einem tätigen Gefühl wird, ein gewisser Zustand sein. Der Beginn der Liebe, ihre Wurzel, ist nicht ein Ausbruch des Gefühls, der die Vernunft verfinstert, wie sich's die Menschen vorzustellen pflegen, sondern ein im höchsten Grade vernünftiger, lichter und darum ruhiger und freudiger Zustand, wie er Kindern und vernünftigen Menschen eigen ist.

Dieser Zustand ist ein Zustand des Wohlwollens gegen alle Menschen, wie er Kindern eigen zu sein pflegt, im erwachsenen Menschen aber nur durch die Entsagung hervorgebracht wird und sich nur je nach dem Grad der Verleugnung des Wohls der Person verstärkt. Wie oft kann man die Worte hören „mir ist es ja gleichgültig, ich brauche nichts", und aus diesen Worten die feindselige Beziehung zu den Menschen ersehen. Möge jedoch der Mensch, wenn auch nur ein einziges Mal, in einem Augenblick der Mißgunst gegen die Menschen, aufrichtig, von Herzen sich sagen: „mir ist es gleichgültig, ich brauche nichts" und wenn auch nur eine Zeitlang, nichts für sich wünschen – und jeder Mensch wird durch diesen einfachen inneren Versuch erfahren, wie sofort, je nach dem Grad der Aufrichtigkeit seiner Entsagung, jegliche Mißgunst schwinden und ein bis dahin verschlossenenes Wohlwollen gegen alle Menschen seinem Herzen entströmen wird.

In der Tat, die Liebe ist die Bevorzugung anderer Wesen vor uns selbst – wir alle fassen die Liebe so auf und können sie gar nicht anders auffassen. Die Größe der Liebe ist die Größe des Bruches, dessen Zähler – meine Leidenschaften, meine Sympathien für andere – nicht in meiner Gewalt ist; der Nenner dagegen, meine Liebe zu mir selbst, kann von mir bis ins Unendliche vergrößert oder verkleinert werden je nach dem Grad der Bedeutung, die ich meiner tierischen Person beilegen werde. Die Urteile unserer Welt aber über die

Liebe, über ihre Grade – sind Urteile über die Größe der Brüche nach den bloßen Zählern ohne Berücksichtigung ihrer Nenner.

Die wahre Liebe hat stets zur Grundlage die Verleugnung des Wohls der Person und das aus ihr entstehende Wohlwollen gegen alle Menschen. Nur auf diesem allgemeinen Wohlwollen kann die wahre Liebe zu gewissen Menschen - zu eigenen und fremden – wachsen. Und nur eine solche Liebe gibt das wahre Glück des Lebens und löst den scheinbaren Widerspruch zwischen dem tierischen und dem vernünftigen Bewußtsein.

Die Liebe, deren Grundlage nicht die Verleugnung der Person ist, und die infolgedessen nicht das Wohlwollen gegen alle Menschen umfaßt, ermöglicht bloß ein tierisches Leben, das den gleichen, ja noch größeren Armseligkeiten und noch größerer Unvernunft unterworfen ist, als ein Leben ohne diese vermeintliche Liebe. Das Gefühl der Bevorzugung, die man Liebe nennt, beseitigt keineswegs den Kampf des Daseins, befreit nicht die Persönlichkeit von dem Drang nach Genüssen und rettet nicht vor dem Tod, sondern verfinstert das Leben noch mehr, erbittert den Kampf, verstärkt die Gier nach Genüssen für sich und für den anderen und vergrößert die Furcht vor dem Tod um seiner und um des anderen willen.

Der Mensch, der sein Leben in der Existenz der tierischen Person sieht, kann nicht lieben, weil die Liebe ihm als eine seinem Leben direkt entgegengesetzte Tätigkeit vorkommen muß. Das Leben eines solchen Menschen besteht nur in dem Wohl der tierischen Existenz, die Liebe aber fordert vor allem anderen das Opfer dieses Wohls. Wollte sich ein Mensch, der das Leben nicht begreift, auch aufrichtig der Tätigkeit der Liebe hingeben, so würde er doch nicht imstande sein, dies zu tun, solange er nicht das Leben begriffen und seine ganze Beziehung zu ihm verändert haben würde. Der Mensch, der sein Leben in dem Wohl der tierischen Person erblickt, vergrößert sein ganzes Leben lang die Mittel zu seinem tierischen Wohl, indem er Reichtümer erwirbt und aufbewahrt, andere veranlaßt, seinem tierischen Wohl zu dienen und diese Güter unter diejenigen Personen verteilt, die für das Wohl seiner Person am notwendigsten sind. Wie soll er sein Leben hingeben, wenn sein Leben nicht durch ihn allein, sondern durch andere Menschen aufrecht erhalten wird? Und noch schwieriger ist es für ihn, zu wählen, wem von den von ihm bevorzugten Menschen er die von ihm gesammelten Güter übergeben und wem er dienen soll.

Um imstande zu sein, sein Leben hinzugeben, muß er zuerst jenen Überfluß, den er anderen für das Wohl seines Lebens wegnimmt, abgeben und dann noch das Unmögliche tun: er muß entscheiden, wem vor allen Menschen er mit seinem Leben dienen soll. Bevor er imstande sein wird zu lieben, d. h. sich selbst opfernd das Gute zu tun, muß er aufhören zu hassen, d. h. Böses zu tun, und aufhören die einen Menschen vor den anderen um des Wohles seiner Person willen zu bevorzugen.

Nur für einen Menschen, der das Glück nicht in dem persönlichen Leben erblickt und darum sich um dieses falsche Glück nicht kümmert und der dadurch das dem Menschen eigene Wohlwollen gegen alle Menschen in sich frei gemacht hat, ist die Tätigkeit der Liebe möglich, die ihn und andere immer befriedigt. Das Wohl des Lebens eines solchen Menschen liegt in der Liebe wie das Wohl der Pflanze im Licht – und deshalb, wie die durch nichts verdeckte Pflanze nicht fragen kann und nicht fragt, nach welcher Seite hin sie wachsen soll und ob das Licht gut ist oder ob sie auf ein anderes, besseres warten soll, sondern das einzige Licht nimmt, das in der Welt ist, und nach ihm hinstrebt, denkt auch der Mensch, der dem Wohl der Person entsagt hat, nicht darüber nach, was er von dem, was er anderen fortgenommen hat, abgeben und welchen geliebten Wesen er es abgeben soll, und ob es nicht noch eine bessere Liebe gibt als die, die Forderungen stellt, – sondern er gibt sich, er gibt sein Dasein der Liebe hin, die ihm zugänglich ist und die vor ihm steht. Nur eine solche Liebe gibt der vernünftigen Natur des Menschen volle Befriedigung.

25

Die Liebe ist die alleinige und die umfassende Tätigkeit des wahren Lebens.

Und es gibt keine andere Liebe als die, daß man sein Leben hingibt für seine Freunde. Die Liebe ist nur dann Liebe, wenn sie das Opfer unseres Selbst ist. Nur wenn der Mensch dem anderen nicht nur seine Zeit und seine Kräfte hingibt, sondern wenn er seinen Leib für den geliebten Gegenstand verbraucht, ihm sein Leben hingibt – nur das allein erkennen wir alle als Liebe an, und nur in einer solchen Liebe finden wir alle das Glück, den Lohn der Liebe. Und dadurch allein, daß es eine solche Liebe in den Menschen gibt, dadurch allein besteht die Welt. Die Mutter, die ihren Säugling stillt, gibt geradezu sich, ihren Leib ihren Kindern zur Nahrung, die sonst nicht am Leben blieben. Und das ist Liebe. Ebenso gibt jeder Arbeiter sich selbst, seinen Leib, anderen zur Nahrung, indem er seinen Leib abnutzt in der Arbeit und sich dem Tod näher bringt. Und eine solche Liebe ist nur möglich für den Menschen, bei dem die Möglichkeit der Aufopferung seiner selbst für die Wesen, für die Wesen, die er liebt, keinerlei Schranke kennt. Die Mutter, die ihr Kind der Amme abgibt, kann nicht lieben; der Mensch, der Geld erwirbt und es aufbewahrt, kann nicht lieben.

„Wer da sagt, er sei im Licht, und hasst seinen Bruder, der ist noch in Finsternis. Wer seinen Bruder liebt, der bleibt im Licht und ist kein Ärgernis bei ihm. Wer aber seinen Bruder hasst, der ist in Finsternis und wandelt in Finsternis und weiß nicht, wo er hingeht; denn die Finsternis hat seine Augen verblendet ... Lasst uns nicht lieben mit Worten noch mit der Zunge; sondern mit der Tat und mit der Wahrheit. Daran erkennen wir, daß wir aus der Wahrheit sind, und können unser Herz vor ihm stillen ... – Darin ist die Liebe völlig bei uns, auf daß wir eine Freudigkeit haben am Tage des Gerichts; denn gleichwie er ist, so sind auch wir in dieser Welt. Furcht ist nicht in der Liebe, sondern die völlige Liebe treibt die Furcht aus; denn die Furcht hat Pein. Wer sich aber fürchtet, der ist nicht völlig in der Liebe."

Nur eine solche Liebe gibt den Menschen das wahre Leben.

„Du sollst lieben Gott deinen Herrn von ganzem Herzen, von ganzer Seele und von ganzem Gemüte; dies ist das vornehmste und größte Gebot."

Das andere aber ist dem gleich: „Du sollst deinen Nächsten lieben als dich selbst", sprach der Schriftgelehrte zu Christus. Und darauf entgegnete Jesus: „Du hast recht geantwortet; tue das (d. h. liebe Gott und deinen Nächsten), *so wirst du leben.*"

Die wahre Liebe ist das Leben selbst.

„Wir wissen, daß wir vom Tod zum Leben eingegangen sind, weil wir unsere Brüder lieben", sagt ein Jünger Christi. „Wer seinen Bruder nicht liebt, verbleibt im Tod."

Nur *der* lebt, der da liebt.

Die Liebe nach der Lehre Christi ist das Leben selbst; aber nicht ein unvernünftiges, qualvolles und vergängliches, sondern ein glückseliges und unendliches Leben. Und wir alle wissen das. Die Liebe ist nicht eine Folgerung der Vernunft, ist nicht die Folge einer gewissen Tätigkeit; sie ist selbst eine freudige Tätigkeit des Lebens, die uns von allen Seiten umringt und die wir alle in uns selbst kennen, von den allerfrühesten Erinnerungen der Kindheit an bis zu der Zeit, wo die falschen Lehren der Welt sie in unserer Seele verschüttet und uns die Möglichkeit genommen haben, sie zu empfinden.

Die Liebe ist nicht eine Vorliebe für etwas, was das zeitliche Wohl der Person des Menschen vergrößert, wie die Liebe zu bevorzugten Personen oder Gegenständen, sondern sie ist das Streben nach *dem* Wohl, das außerhalb des Menschen liegt, das Streben, das in dem Menschen nach der Verleugnung des Wohles der tierischen Person verbleibt.

Welcher lebende Mensch kennt nicht jenes, wenn auch nur einmal und meistens nur in der allerfrühesten Kindheit empfundene glückselige Gefühl, wenn die Seele noch nicht verschüttet ist durch all die Lüge, die das Leben in uns erstickt, jenes glückselige Gefühl der Rührung, wo man alle lieben möchte: die Mitmenschen und den Vater und die Mutter und die Brüder und die bösen Menschen und die Feinde und den Hund und das Pferd und den Grashalm; da möchte man nur eins: daß alle es gut haben, daß alle glücklich seien; und noch mehr möchte man, daß man selbst es machen könnte, daß alle es gut haben; man möchte sich selbst, man möchte sein ganzes Leben hingeben, damit alle es immer gut haben und sich freuen. Das gerade ist, und das *allein* ist jene Liebe,in der das Leben des Menschen besteht.

Diese Liebe, in der allein das Leben besteht, erwacht in der Seele des Menschen wie ein kaum bemerkbarer zarter Keim inmitten ihm ähnlicher grober Keime des Unkrauts, der verschiedenen Gelüste des Menschen, die wir Liebe nennen. Anfangs scheint es den Leuten und dem Menschen selbst, daß dieser Keim, der Keim, dem der Baum entsprießen soll, der den Vögeln Schutz gewähren wird, allen anderen Keimen gleich ist. Die Menschen bevorzugen sogar häufig die Keime des Unkrauts, die rascher wachsen und der einzige Keim des Lebens erstickt und stirbt ab; noch schlimmer aber ist das, was noch öfter vorkommt: die Menschen haben gehört, daß unter diesen Keimen ein echter, ein Lebenskeim ist, den man Liebe nennt, und sie beginnen selbst ihn niederzutreten und statt seiner einen anderen Keim des Unkrauts großzuziehen und nennen ihn Liebe. Was aber noch schlimmer ist: die Menschen erfassen mit rohen Händen den Keim selbst und schreien: „da ist er, wir haben ihn gefunden, wir kennen ihn jetzt, wir werden ihn großziehen; die Liebe, die Liebe! das höchste Gefühl, da ist es!" – Und die Menschen beginnen ihn umzupflanzen, ihn zu verbessern, zu betasten und zertreten ihn derart, daß der Keim stirbt ohne aufzublühen, und diese oder andere Menschen sagen: das alles ist Unsinn, dummes Zeug, Sentimentalität! Der Keim der Liebe ist bei seinem Erscheinen zart und leidet keine Berührung und ist mächtig nur in seinem Wachstum. Alles, was die Menschen mit ihm aufstellen werden, wird für ihn nur nachteilig sein. Er braucht nur eines – daß nichts vor ihm die Sonne der Vernunft verhülle, die allein ihn großziehen wird.

26

Die Bemühungen der Menschen, die auf die unmögliche Verbesserung ihrer Existenz gerichtet sind, rauben ihnen die Möglichkeit des alleinigen wahren Lebens.

Nur durch die Erkenntnis der Schattenhaftigkeit und des Scheinwerts der tierischen Existenz und durch die Befreiung des einzig wahren Lebens der Liebe in sich selbst erlangt der Mensch das Glück. Und was tun die Menschen zur Erlangung dieses Glücks? Die Menschen, deren Existenz in der langsamen Vernichtung der Persönlichkeit und der Annäherung an den unvermeidlichen Tod dieser Person besteht und die das doch sicher wissen, bemühen sich während der ganzen Zeit ihrer Existenz auf jede Weise – ja, sie sind *nur* damit beschäftigt, – diese vergängliche Person aufrecht zu erhalten, ihre Gelüste zu befriedigen und sich dadurch der Möglichkeit des einzigen Glücks des Lebens – der Liebe – zu berauben.

Die Tätigkeit der Menschen, die das Leben nicht begreifen, ist während der ganzen Zeit ihrer Existenz auf den Kampf um ihre Existenz, auf die Erlangung von Genüssen, auf die Befreiung von Leiden und auf die Fernhaltung des unvermeidlichen Todes gerichtet.

Die Vermehrung der Genüsse jedoch vergrößert auch die Intensität des Kampfes, die

Empfindlichkeit für Leiden, und bringt den Tod näher. Um das Herannahen des Todes vor sich zu verbergen, gibt es ein Mittel: die Genüsse noch mehr zu vergrößern. Aber die Vergrößerung der Genüsse hat ihre Grenze, über die hinaus die Genüsse nicht mehr vergrößert werden können und in Leiden übergehen; es bleibt nichts übrig als die Empfindlichkeit für die Leiden und die Schrekken des nur unter Leiden immer näher und näher heranrückenden Todes. Und so entsteht ein circulus vitiosus: das eine wird zur Ursache des anderen und eins verstärkt das andere. Der Hauptschrekken im Leben der Menschen, die das Leben nicht begreifen, liegt darin, daß das, was sie als Genüsse ansehen (alle Genüsse des reichen Lebens), da sie so beschaffen sind, daß sie nicht gleichartig unter allen Menschen verteilt sein können, anderen durch Gewalt und Bosheit entrissen werden müssen, wodurch die Möglichkeit des Wohlwollens für die Menschen, aus welchem die Liebe entspringt, vernichtet wird. Die Genüsse sind daher der Liebe stets entgegengesetzt und um so schroffer entgegengesetzt, je größer sie sind. Je größer, je angestrengter darum die Tätigkeit zur Erlangung der Genüsse ist, um so unmöglicher wird das allein dem Menschen zugängliche Wohl – die Liebe.

Das Leben wird nicht so verstanden, wie es von dem vernünftigen Bewußtsein erkannt wird, – als eine unsichtbare, jedoch unzweifelhafte, in jedem Augenblick zu vollziehende Unterwerfung unserer gegenwärtigen Tierheit unter das Gesetz der

Vernunft, die das uns innewohnende Wohlwollen gegen alle Menschen und die diesem entströmende Tätigkeit der Liebe frei macht, sondern bloß als ein leibliches Dasein im Verlauf eines gewissen Zeitraums unter bestimmten und von uns aufgestellten, die Möglichkeit des Wohlwollens gegen alle Menschen ausschließenden Bedingungen.

Die Leute der weltlichen Lehre, die ihre Vernunft auf die Feststellung bestimmter Bedingungen der Existenz gerichtet haben, meinen, das Wachsen des Lebensglücks hänge von der besseren äußeren Beschaffenheit ihrer Existenz ab. Die bessere äußere Beschaffenheit ihrer Existenz aber hängt von der größeren, der Liebe gerade entgegengesetzten, Gewalttätigkeit gegen die Menschen ab. Je besser deshalb ihre Beschaffenheit wird, um so geringer wird für sie die Möglichkeit der Liebe, die Möglichkeit des Lebens.

Nachdem sie ihre Vernunft darauf verwandt haben, das für alle Menschen gleich Null zu veranschlagende Wohl der tierischen Existenz zu begreifen, haben sie diese Null als eine Größe erkannt, die vergrößert und verkleinert werden kann, und auf diese eingebildete Vergrößerung, die Multiplikation der Null, verwenden sie alles, was ihnen von ihrer Vernunft übriggeblieben ist.

Die Menschen sehen nicht, daß das Nichts, die Null, womit sie auch multipliziert werden mag, dieselbe, jeder anderen gleiche, Null bleibt, sie sehen nicht, daß die tierische Existenz der Person eines jeden Menschen gleich armselig ist und durch keinerlei äußere Bedingungen zu einer glücklichen gemacht werden kann. Die Menschen wollen nicht sehen, daß eine Existenz als leibliche Existenz nicht glücklicher sein kann als eine andere, daß dies dasselbe Gesetz ist, nach dem man nirgends auf der Oberfläche eines Sees das Wasser über die Höhe des gegebenen allgemeinen Wasserstandes hinausheben kann. Die Menschen, deren Vernunft verdreht worden ist, sehen das nicht und verwenden ihre verkehrte Vernunft auf diese Unmöglichkeit, und in diesem unmöglichen Heben des Wassers an verschiedenen Stellen der Oberfläche des Sees – ähnlich dem, was badende Kinder tun, wenn sie „Bier brauen", wie sie es nennen – geht ihre ganze Existenz hin.

Sie meinen, daß es verschiedene – bessere und schlechtere und glückliche – Existenzen der Menschen gibt; die Existenz eines armen Arbeiters oder eines kranken Menschen, sagen sie, ist eine schlechte, unglückliche; die Existenz eines reichen Mannes oder eines gesunden Menschen ist eine gute, glückliche, und sie strengen alle Kräfte ihrer Vernunft an, um einer schlechten, unglücklichen, armen und krankhaften Existenz zu entgehen und sich eine gute, reiche, gesunde und glückliche Existenz zu schaffen.

Es bilden sich durch Generationen gewisse Kunstgriffe zur Ausstattung und Aufrechterhaltung dieser verschiedenen, sehr glücklichen Leben heraus und die Programme dieser vermeintlich so glücklichen Leben, wie sie ihr tierisches Dasein nennen, werden durch Vererbung weitergegeben. Die Menschen bemühen sich um die Wette, das glückliche *Leben*, das ihre Eltern gegründet und ihnen hinterlassen haben, möglichst gut zu erhalten oder sich ein neues, noch glücklicheres *Leben* zu schaffen. Die Menschen glauben, daß sie durch Aufrechterhaltung der ererbten Ausstattungen ihrer Existenz oder durch Schaffung einer neuen, ihrer Meinung nach besseren, wirklich etwas tun.

Und indem sie sich gegenseitig in dieser Täuschung erhalten, sind die Menschen oft dermaßen aufrichtig davon überzeugt, daß das Leben eben in diesem sinnlosen Stampfen des Wassers besteht, dessen Sinnlosigkeit ihnen selbst einleuchtet – sie sind so davon überzeugt, daß sie sich mit Verachtung von dem Aufruf zum wirklichen Leben abwenden, den sie unaufhörlich vernehmen: in der Lehre der Wahrheit, im Beispiel des Lebens lebender Menschen und in ihrem abgestumpften Herzen, in dem die Stimme der Vernunft und der Liebe nie vollkommen verstummt.

Etwas Merkwürdiges vollzieht sich. Menschen, die ungeheure Mehrzahl der Menschen, die die Möglichkeit eines vernünftigen liebenden Lebens besitzen, befinden sich in der Lage jener Schafe, die man aus einem brennenden Haus herausschleppt, die aber, in dem Glauben, man wolle sie ins Feuer werfen, alle ihre Kräfte anwenden, um sich denen zu widersetzen, die sie retten wollen.

Aus Furcht vor dem Tod wollen die Menschen nicht aus ihm heraus, aus Furcht vor den Leiden quälen sich die Menschen selbst und berauben sich des für sie allein möglichen Glückes und Lebens.

27

Die Furcht vor dem Tod ist nur das Bewußtsein des ungelösten Widerspruchs des Lebens.

„Es gibt keinen Tod", sagt dem Menschen die Stimme der Wahrheit. „Ich bin die Auferstehung und das Leben. Wer an mich glaubt, der wird leben, ob er gleich stürbe. Und wer da lebt und glaubt an mich, der wird nimmermehr sterben. Glaubst du das?"

„Es gibt keinen Tod", haben alle großen Lehrer der Welt gesagt; und dasselbe sagen und bezeugen durch ihr Leben Millionen von Menschen, die den Sinn des Lebens begriffen haben. Und dasselbe fühlt in seiner Seele in dem Augenblick der Offenbarung des Bewußtseins jeder lebende Mensch. Die Menschen jedoch, die das Leben nicht begreifen, können nicht umhin den Tod zu fürchten. Sie sehen ihn und sie glauben an ihn.

„Wie? Es gibt keinen Tod?" rufen diese Menschen mit Entrüstung, ja mit Zorn aus. „Das ist ein Sophisma! Der Tod steht vor uns; er hat Millionen fortgemäht und wird auch uns fortmähen. Und wieviel ihr auch sagen möget, er ist nicht da, er wird dennoch bleiben. Da, da ist er!" Und sie sehen das, wovon sie sprechen, wie der geisteskranke Mensch die Erscheinung sieht, die ihn erschreckt. Er kann diese Erscheinung nicht betasten, sie hat ihn noch nie berührt; er weiß nichts über ihre Absicht, er hat aber eine solche Angst und leidet so sehr unter dieser eingebildeten Erscheinung, daß er die Möglichkeit des Lebens verliert. Ganz genauso verhält es sich mit dem Tode. Der Mensch kennt seinen Tod nicht und kann ihn nie kennen lernen, der Tod hat ihn noch nie berührt, er weiß nichts über seine Absicht. Wovor fürchtet er sich also?

„Er hat mich noch nie ergriffen, er wird mich aber ergreifen, ich weiß es bestimmt, – er wird mich ergreifen und vernichten. Und das ist entsetzlich!" sagen die Menschen, die das Leben nicht begreifen.

Wenn die Menschen, die eine falsche Vorstellung vom Leben haben, ruhig überlegen könnten und richtig denken würden aufgrund der Vorstellung, die sie vom Leben haben, würden sie zu dem Schluß gelangen müssen, daß darin, daß in meinem leiblichen Dasein jene Veränderung eintreten wird, die, wie ich sehe, unaufhörlich in allen Wesen vor sich geht und die ich Tod nenne, nichts Unangenehmes und nichts Schreckliches liegt.

Ich werde sterben. Was ist dabei Schreckliches? Wie viele verschiedene Veränderungen haben sich in meiner leiblichen Existenz schon vollzogen und vollziehen sich noch immer, und ich habe mich nicht vor ihnen gefürchtet! Warum denn fürchte ich mich vor dieser Veränderung, die noch gar nicht eingetreten ist und in der nicht nur nichts meiner Vernunft und meiner Erfahrung Widersprechendes liegt, sondern die so begreiflich für mich, so bekannt und so natürlich ist, daß ich im Laufe meines Lebens fortwährend Betrachtungen angestellt habe und noch anstelle, in denen der Tod der Tiere sowohl wie der Menschen von mir als eine unvermeidliche und oft angenehme Lebensbedingung angesehen worden ist. Was ist also furchtbar?

Es gibt ja nur zwei streng logische Auffassungen vom Leben: die eine, falsche, ist die, die das Leben als jene äußeren Erscheinungen betrachtet, die in meinem Körper von der Geburt an bis zum Tode vorgehen; die andere, wahre, ist die, die das Leben als jenes unsichtbare Bewußtsein des Seins betrachtet, das ich in mir trage. Die eine Ansicht ist falsch, die andere ist wahr, beide aber sind logisch; und die Menschen können die eine sowohl wie die andere besitzen – aber bei der einen sowohl wie bei der anderen ist die Furcht vor dem Tod unmöglich.

Die erste, falsche Auffassung, die das Leben als die sichtbaren Erscheinungen im Körper von der Geburt an bis zum Tod auffaßt, ist so alt wie die Welt. Dies ist nicht, wie viele glauben, eine durch die materialistische Wissenschaft und Philosophie unserer Zeit entwickelte Auffassung; die Wissenschaft und Philosophie unserer Zeit haben diese Anschauung bloß bis zu ihren äußersten Grenzen verfolgt, wobei es deutlicher geworden ist als früher, daß diese Ansicht den Grundforderungen der menschlichen Natur nicht entspricht; dies ist vielmehr die uralte ursprüngliche Anschauung der auf der niedrigsten Stufe der Entwicklung stehenden Menschen: sie ist bei den Chinesen, den Buddhisten, den Juden, im Buche Hiob und in dem Ausspruch „du bist Erde und sollst zur Erde werden" zum Ausdruck gelangt.

Diese Anschauung lautet in ihrem jetzigen Ausdruck folgendermaßen: das Leben ist ein zufälliges Spiel der Kräfte in der Materie, das in Raum und Zeit in die Erscheinung tritt. Das aber, was wir unser Bewußtsein nennen, ist nicht das Leben, sondern eine gewisse Täuschung der Gefühle, bei der es scheint, als bestände das Leben in diesem Bewußtsein. Das Bewußtsein ist ein Funke, der aus der Materie aufblitzt, wenn sie sich in einem gewissen Zustand befindet. Dieser Funke blitzt auf, entflammt sich, fällt wieder zusammen und erlischt schließlich vollständig. Dieser Funke, d. h. das Bewußtsein, das von der Materie im Verlaufe eines gewissen Zeitraums zwischen zwei zeitlichen Unendlichkeiten empfunden wird, ist ein Nichts. Und ungeachtet dessen, daß das Bewußtsein sich selbst und die ganze unendliche Welt beurteilt und das ganze Spiel der Zufälligkeiten dieser Welt sieht und namentlich – im Gegensatz zu etwas Nichtzufälligem – dieses Spiel ein zufälliges nennt, ist das Bewußtsein an und für sich nur das Produkt der toten Materie, ein Trugbild, das ohne Spur und ohne jeglichen Sinn auftaucht und verschwindet. Alles ist das Produkt der sich unendlich verändernden Materie und das, was man Leben nennt, ist nur ein bestimmter Zustand der toten Materie.

Das ist die eine Anschauung vom Leben. Diese Anschauung ist vollkommen logisch. Dieser Anschauung nach ist das vernünftige Bewußtsein des Menschen eine bloße Zufälligkeit, die Begleiterscheinung eines gewissen Zustands der Materie; und darum ist das, was wir in unserem Bewußtsein Leben nennen, ein Trugbild. Nur das Tote existiert. Das, was wir Leben nennen, ist ein Spiel des Todes. Bei einer solchen Anschauung vom Leben sollte nicht nur der Tod nicht schrecklich sein, da sollte das Leben schrecklich sein – als etwas Unnatürliches und Unvernünftiges –, wie es auch bei den Buddhisten und bei den neuen Pessimisten, Schopenhauer und Hartmann, der Fall ist.

Die andere Anschauung vom Leben aber ist folgende: das Leben ist bloß das, dessen ich mir bewußt werde. Ich werde mir aber stets meines Lebens bewußt – nicht in dem Sinne, daß ich war oder sein werde (so denke ich über mein Leben), sondern ich werde mir meines Lebens bewußt in dem Sinne, daß ich bin - daß ich nie und nirgends anfange und nie und nirgends aufhöre. Mit dem Bewußtsein meines Lebens ist der Begriff von Raum und Zeit unvereinbar. Mein Leben erscheint in der Zeit und im Raum, das ist aber bloß seine Erscheinungsform. Das Leben selbst aber, dessen ich mir bewußt werde, wird mir außerhalb der Zeit und des Raums bewußt. Aus dieser Anschauung ergibt sich das Gegenteil: nicht das Bewußtsein des Lebens ist eine Täuschung, sondern alles Räumliche und Zeitliche ist schattenhaft. Und darum hat das zeitliche und räumliche Aufhören der leiblichen Existenz bei dieser Anschauung nichts Wirkliches und kann mein wahres Leben nicht nur nicht aufhören machen, sondern auch nicht stören. Und bei dieser Anschauung gibt es keinen Tod.

Weder bei der einen noch bei der anderen Anschauung vom Leben könnte die Furcht vor dem Tod bestehen, wenn die Menschen sich streng an die eine oder an die andere halten würden.

Weder als Tier noch als vernünftiges Wesen kann der Mensch den Tod fürchten: das Tier sieht, da es kein Bewußtsein besitzt, den Tod nicht, das vernünftige Wesen aber kann, da es das Bewußtsein des Lebens besitzt, in dem leiblichen Tod nichts anderes sehen, als eine natürliche und nie aufhörende Bewegung der Materie. Wenn aber der Mensch dennoch Furcht hat, so hat er nicht Furcht vor dem Tod, den er nicht kennt, sondern vor dem Leben, das allein sein tierisches oder vernünftiges Wesen kennt. Jenes Gefühl, das sich in den Menschen als Furcht vor dem Tod äußert, ist nur das Bewußtsein von dem inneren Widerspruch des Lebens; ebenso wie die Furcht vor Gespenstern bloß das Bewußtsein eines krankhaften Seelenzustands ist.

„Ich werde aufhören zu sein – ich werde sterben, sterben wird alles, worin ich mein Leben sehe", spricht im Menschen die eine Stimme; „ich bin" spricht eine andere Stimme, „und kann und brauche nicht zu sterben. Ich brauche nicht zu sterben und doch sterbe ich." Nicht im Tod, sondern in diesem Widerspruch liegt die Ursache jener Furcht, die den Menschen bei dem Gedanken an den leiblichen Tod umfängt; der Schrecken des Todes liegt nicht darin, daß der Mensch das Aufhören der Existenz seiner Tierheit fürchtet, sondern darin, daß dasjenige stirbt, was nicht sterben kann und nicht sterben soll. Der Gedanke an den zukünftigen Tod ist nur ein Übertragen des in der Gegenwart sich vollziehenden Todes auf die Zukunft. Das Gespenst des zukünftigen leiblichen Todes, das auftaucht, ist nicht nur das Erwachen des Gedankens an den Tod, sondern im Gegenteil, das Erwachen des Gedankens an das Leben, das der Mensch besitzen soll und nicht besitzt. Dieses Gefühl ist dem ähnlich, das ein Mensch empfinden muß, der im Sarg unter der Erde zum Leben erwacht. Es gibt ein Leben und ich bin im Tode, und da ist er, der Tod! Es ist, als ob das, was ist und sein muß, vernichtet werde. Und der menschliche Verstand gerät außer sich und entsetzt sich. Der beste Beweis dafür, daß die Furcht vor dem Tod keine Furcht vor dem Tod ist, sondern Furcht vor dem unwahren Leben, liegt darin, daß oft Menschen aus Furcht vor dem Tod sich selbst töten.

Nicht deshalb entsetzen sich die Menschen vor dem Gedanken an den leiblichen Tod, weil sie fürchten, daß mit ihm ihr Leben zu Ende geht, sondern deshalb, weil der leibliche Tod ihnen augenscheinlich die Notwendigkeit des wahren Lebens zeigt, das sie nicht besitzen. Und deshalb werden die Menschen, die das Leben nicht begreifen, nicht gern an den Tod erinnert. An den Tod denken ist für sie dasselbe wie sich einzugestehen, daß sie nicht so leben, wie es ihr vernünftiges Bewußtsein von ihnen verlangt.

Menschen die den Tod fürchten, fürchten ihn deshalb, weil er ihnen als Leere und Finsternis erscheint; die Leere und die Finsternis aber sehen sie, weil sie das Leben nicht sehen.

28

Der leibliche Tod vernichtet den räumlichen Leib und das zeitliche Bewußtsein, vermag aber nicht das zu vernichten, was die Grundlage des Lebens bildet: das besondere Verhältnis eines jeden Wesens zur Welt.

Aber auch die Menschen, die das Leben nicht sehen, würden, wenn sie nur jenen Gespenstern, die ihnen Furcht einflößen, näher träten, und sie betasteten, sehen, daß auch für sie ein Gespenst nur ein Gespenst und nichts Wirkliches ist.

Die Furcht vor dem Tod kommt bei den Menschen immer daher, daß sie im leiblichen Tod ihr besonderes Ich zu verlieren fürchten, das – wie sie fühlen – ihr Leben ausmacht. Ich werde sterben, mein Körper wird sich auflösen und mein Ich wird vernichtet werden. Dieses mein Ich aber ist das, was in meinem Körper so und so viele Jahre gelebt hat.

Die Menschen legen großen Wert auf dieses ihr Ich, und aus der Voraussetzung, daß dieses Ich mit ihrem leiblichen Leben zusammenfällt, folgern sie, daß es mit der Vernichtung ihres leiblichen Lebens zugleich vernichtet werden muß.

Diese Folgerung ist allgemein üblich, und selten kommt es jemandem in den Sinn, an ihr zu zweifeln; und dennoch ist diese Folgerung eine vollkommen willkürliche. Die Menschen – sowohl die, die sich für Materialisten halten, wie die, die sich für Spiritualisten halten – sind dermaßen an die Vorstellung gewöhnt, daß ihr Ich jenes Bewußtsein ihrer Körperlichkeit ist, das so und so viele Jahre gelebt hat, daß es ihnen gar nicht in den Sinn kommt, die Richtigkeit einer solchen Behauptung zu prüfen.

Ich habe 59 Jahre gelebt und diese ganze Zeit hindurch bin ich meiner in meinem Körper bewußt gewesen, und dieses Bewußtsein meiner selbst, so scheint mir, ist eben mein Leben gewesen. Das scheint aber bloß so. Ich habe weder 59 Jahre noch 59 000 Jahre noch 59 Sekunden gelebt. Weder mein Körper noch die Zeit seiner Existenz bestimmen im geringsten das Leben meines Ichs. Wenn ich in einem beliebigen Augenblick des Lebens mich in meinem Bewußtsein frage: was bin ich?, so werde ich antworten: ein Etwas, das denkt und fühlt, d. h. das sich auf seine ganz besondere Weise zu der Welt verhält. Nur das alleine erkenne ich als mein Ich an und weiter nichts. Wann und wo ich geboren bin, wann und wo ich angefangen habe, so zu fühlen und zu denken, wie ich jetzt denke und fühle, dessen bin ich mir nicht im mindesten bewußt. Mein Bewußtsein sagt mir bloß: *ich bin*, ich bin mit jenem meinem Verhältnis zur Welt, in dem ich mich jetzt befinde. Meiner Geburt, meiner Kindheit, vieler Perioden meiner Jugend, meiner mittleren Jahre, der jüngstvergangenen Zeit kann ich mich oft gar nicht erinnern. Wenn ich aber auch an irgend etwas zurückdenke oder man mir irgend etwas aus meiner Vergangenheit in Erinnerung bringt, so gedenke und erinnere ich mich dessen fast ebenso wie dessen, was man mir von anderen erzählt. Worauf kann ich also meine Behauptung stützen, daß ich während der ganzen Zeit meines Daseins stets *das eine* Ich gewesen bin? Mein Körper allein hat ja nie existiert und existiert nicht: mein ganzer Körper war und ist Materie, die durch etwas Immaterielles und Unsichtbares fortwährend hindurchströmt, das diesen hindurchströmenden Körper als den seinen anerkennt. Mein ganzer Körper hat sich zig-mal verändert; von dem alten ist nichts übrig geblieben: die Muskeln, die inneren Teile, die Knochen, das Gehirn – alles hat sich verändert.

Mein Körper ist bloß deshalb eins, weil etwas Immaterielles da ist, das diesen sich verändernden Körper als Eins und als den seinen anerkennt. Dieses Immaterielle nennen wir das Bewußtsein: dieses allein hält den ganzen Körper zusammen und erkennt ihn als Eins und als den seinen an. Ohne dieses Bewußtsein meiner selbst als eines von allem übrigen Besonderen würde ich weder über mein Leben noch über das der anderen etwas wissen. Und darum scheint es beim ersten Nachdenken, als müßte die Grundlage von allem – das Bewußtsein – etwas Beständiges sein. Doch auch dies ist nicht richtig: auch das Bewußtsein ist nicht beständig. Im Laufe des ganzen Lebens und auch jetzt wiederholt sich die Erscheinung des Schlafes, die uns deshalb sehr einfach vorkommt, weil wir alle jeden Tag schlafen, die aber ganz und gar unbegreiflich ist, wenn man zugibt, was man nicht umhin kann zuzugeben, daß während der Zeit des Schlafes das Bewußtsein mitunter vollständig aufhört.

Jeden Tag – in der Zeit des vollen Schlafes – hört das Bewußtsein vollständig auf und erwacht nachher von neuem. Dennoch ist eben dieses Bewußtsein das einzige Band, das den ganzen Körper zusammenhält und ihn als den seinigen anerkennt. Es scheint, als ob bei dem Aufhören des Bewußtseins auch der Körper auseinanderfallen und seine Besonderheit verlieren müßte; dies ist jedoch nicht der Fall, weder im natürlichen noch im künstlichen Schlaf.

Nicht genug damit, daß das Bewußtsein, das den ganzen Körper zusammenhält, periodisch aufhört, ohne daß der Körper auseinanderfällt, – dieses Bewußtsein verändert sich außerdem ebenso wie der Körper. Wie es nichts Gemeinsames gibt zwischen der Materie eines Körpers, wie er vor zehn Jahren gewesen ist, und der, wie er jetzt ist, wie es nie allein einen Körper gegeben hat, so hat es auch nie allein ein Bewußtsein in mir gegeben und so gibt es nichts Gemeinsames zwischen meinem Bewußtsein von einst und dem von jetzt. Mein Bewußtsein als das eines dreijährigen Kindes und mein jetziges Bewußtsein sind ebenso verschieden wie die Materie meines Körpers jetzt und vor dreißig Jahren. Es gibt nicht ein Bewußtsein, es gibt eine Reihe aufeinanderfolgender Bewußtseinszustände, die man bis ins Unendliche zerlegen kann.

Dasjenige Bewußtsein also, das den ganzen Körper zusammenhält und ihn als den seinigen anerkennt, ist nicht ein Ganzes, sondern etwas Unterbrochenes und Veränderliches. Ein Bewußtsein, ein Bewußtsein seiner selbst, wie wir es uns gewöhnlich vorstellen, gibt es im Menschen nicht, ebensowenig wie es einen Körper gibt. Es gibt im Menschen weder ein und denselben Körper noch ein und dasselbe, was diesen Körper von allem anderen absondert – es gibt nicht ein und dasselbe Bewußtsein während des ganzen Lebens eines Menschen, sondern es gibt nur eine Reihe aufeinanderfolgender Bewußtseinszustände, die miteinander im Zusammenhang stehen, und dennoch fühlt sich der Mensch als er selbst.

Unser Körper ist nicht eins, und das, was diesen sich verändernden Körper als eins und als den unseren anerkennt, ist nicht etwas in der Zeit Unveränderliches, sondern ist nur eine Reihe wechselnder Bewußtseinszustände, und wir haben schon sehr viele Male sowohl unseren Körper wie dieses Bewußtsein verloren; unseren Körper verlieren wir fortwährend, und unser Bewußtsein verlieren wir jeden Tag, sobald wir einschlafen; und jeden Tag und jede Stunde fühlen wir in uns die Veränderungen dieses Bewußtseins und fürchten sie nicht im geringsten.

Daraus folgt, daß, wenn es irgend ein *unwandelbares* Ich für uns gibt, das wir im Augenblick desTodes zu verlieren fürchten, *dieses* Ich nicht in dem Körper sein kann, den wir unser nennen, und nicht in dem Bewußtsein, das wir in einer gewissen Zeit das unsere nennen, sondern in etwas anderem sein muß, das den Zusammenhang der ganzen Reihe der aufeinanderfolgenden Bewußtseinszustände herstellt.

Was ist dieses Etwas, das all die zeitlich aufeinanderfolgenden Bewußtseinszustände verbindet? Was ist dieses mein allerursprünglichstes und besonderes Ich? Nicht das, welches aus der Existenz meines Körpers und des in mir vorhandenen sich verändernden Bewußtseins zusammengesetzt wird, – sondern jenes ursprüngliche Ich, auf das sich wie auf einen Wurzelstock das Bewußtsein und dessen verschiedene in der Zeit aufeinander folgende Kundgebungen aufreihen? Diese Frage erscheint sehr tiefsinnig und sehr weise – und dennoch gibt es nicht ein einziges Kind, das nicht eine Antwort darauf wüßte und diese Antwort zwanzigmal am Tag ausspräche. „Und ich liebe dieses und liebe nicht jenes." Diese Worte sind sehr einfach, und dennoch liegt gerade in ihnen die Lösung der Frage, worin dieses besondere Ich besteht, das all die Bewußtseinszustände zu einem ganzen vereint. Das ist das Ich, das dieses liebt und jenes nicht liebt. Weshalb einer dieses liebt und jenes nicht liebt, das weiß niemand, und dennoch ist dieses gerade das, was den Grundstein des Lebens jedes

Menschen bildet, ist es gerade das, was alle der Zeit nach verschiedenen Zustände des Bewußtseins jedes besonderen Menschen in eins vereinigt. Die äußere Welt wirkt auf alle Menschen gleich, aber die Eindrücke der vollkommen gleichen Bedingungen unterstellten Menschen sind bis zur Unendlichkeit verschiedenartig sowohl der Zahl wie der Stärke nach. Aus diesen Eindrücken bildet sich ein gewisser folgerichtiger Zusammenhang des Bewußtseinsinhalts eines jeden Menschen. Dieser ganz folgerichtige Zusammenhang des Bewußtseinsinhalts aber ist nur deshalb möglich, weil auch in der Gegenwart einige Eindrücke auf das Bewußtsein des Menschen wirken und andere nicht. Gewisse Eindrücke aber wirken oder wirken nicht auf den Menschen, weil er dieses mehr oder weniger liebt und jenes nicht liebt.

Nur infolge dieses höheren oder geringeren Grades der Liebe bildet sich in dem Menschen ein gewisser folgerichtiger Zusammenhang des gerade so und nicht anders empfundenen Bewußtseinsinhaltes. Also besteht eben in der Eigentümlichkeit, das eine mehr oder weniger und das andere gar nicht zu lieben – dieses besondere und ursprüngliche Ich des Menschen, in welchem sich die verstreuten und zusammenhanglosen Bestandteile des Bewußtseinsinhalts in eins vereinigen. Diese Eigentümlichkeit aber, obgleich sie sich in unserem Leben auch weiter entwickelt, bringen wir bereits fertig aus irgend einer unsichtbaren und uns nicht bewußten Vergangenheit in dieses Leben mit.

Diese besondere Eigenschaft des Menschen, in einem höheren oder geringeren Grade das eine zu lieben und das andere nicht zu lieben, nennt man gewöhnlich Charakter. Und unter diesem Wort versteht man oft eine Besonderheit der Eigenschaft eines jeden Menschen, die sich infolge gewisser Bedingungen von Ort und Zeit gebildet haben. Dies ist jedoch nicht richtig. Die ursprüngliche Eigenschaft des Menschen, das eine mehr oder weniger zu lieben und das andere nicht zu lieben, entsteht nicht aus räumlichen oder zeitlichen Bedingungen, sondern im Gegenteil, die räumlichen und zeitlichen Bedingungen wirken oder wirken nicht auf den Menschen bloß deshalb, weil der Mensch bei seinem Eintritt in die Welt bereits die sehr ausgeprägte Eigenschaft besitzt, das eine zu lieben und das andere nicht zu lieben. Und daher kommt es auch, daß Menschen, die unter vollkommen gleichen räumlichen und zeitlichen Bedingungen geboren und erzogen worden sind, oft die schärfsten Gegensätze hinsichtlich ihres inneren Ichs darstellen.

Das, was die verstreuten Bestandteile des Bewußtseinsinhalts in eins zusammenfaßt, ist etwas außerordentlich Bestimmtes, obwohl von räumlichen und zeitlichen Bedingungen Unabhängiges, und wird von uns aus außerräumlichen und außerzeitlichen Regionen in die Welt hineingebracht; das ist jenes gewisse Etwas, das in meinem bestimmten *ausschließlichen* Verhältnis zur Welt besteht, und das ist mein *wahres* und *wirkliches* Ich. Mich selbst verstehe ich als diese Grundbeziehung, und die anderen

Menschen, wenn ich sie kenne, kenne ich bloß als bestimmte, besondere Verhältnisse zur Welt. Wenn wir in ernste Seelengemeinschaft mit den Menschen treten, so läßt sich doch keiner von uns durch ihre äußeren Kennzeichen leiten, sondern jeder von uns bemüht sich, in ihr Wesen einzudringen, d. h. zu erkennen, welcher Art ihr Verhältnis zur Welt ist, was und in welchem Maße sie etwas lieben oder nicht lieben.

Jedes einzelne Tier – das Pferd, den Hund, die Kuh – wenn ich sie kenne und mit ihnen eine ernste Seelengemeinschaft besitze, kenne ich nicht nur nach seinen äußeren Kennzeichen, sondern nach jenem besonderen Verhältnis, in dem jedes von ihnen zur Welt steht, – nach dem, was jedes von ihnen und in welchem Maße es etwas liebt oder nicht liebt. Wenn ich die besonderen verschiedenen Arten der Tiere kenne, so kenne ich sie – genau ausgedrückt – nicht so sehr ihren äußeren Kennzeichen nach, als danach, daß jedes von ihnen – der Löwe, der Fisch, die Spinne – ein besonderes Verhältnis zur Welt darstellt. Alle Löwen lieben allgemein eins, alle Fische ein anderes und alle Spinnen ein drittes; nur deshalb, weil sie Verschiedenes lieben, scheiden sie sich auch in meiner Vorstellung in verschiedenartige lebende Wesen.

Daß ich aber bei jedem dieser Wesen noch nicht sein besonderes Verhältnis zur Welt unterscheide, beweist nicht, daß es ein solches nicht gebe, sondern nur, daß jenes besondere Verhältnis zur Welt, das das Leben einer einzelnen Spinne bildet, von demjenigen Verhältnis zur Welt entfernt ist, in dem ich mich befinde, und daß ich sie deshalb noch nicht so begriffen habe, wie Silvio Pellico seine einzelne Spinne begriffen hatte.

Die Grundlage alles dessen, was ich über mich und über die ganze Welt weiß, ist jenes besondere Verhältnis, in dem ich mich befinde und infolge dessen ich die anderen Wesen sehe, die sich wiederum in ihren jeweils besonderen Verhältnissen zur Welt befinden. Meine besondere Beziehung aber zur Welt ist nicht in diesem Leben festgestellt worden und hat nicht mit meinem Körper und nicht mit meinem in der Zeit entstandenen Bewußtsein begonnen.

Und darum kann mein mit meinem zeitlichen Bewußtsein in eins verbundene Körper vernichtet werden; nicht vernichtet werden kann jenes mein besonderes Verhältnis zur Welt, das mein *besonderes* Ich ausmacht, aus welchem heraus für mich alles erschaffen worden ist, was ist. Es kann nicht vernichtet werden, weil es allein wirklich ist. Wenn es nicht wäre, würde ich einen folgerichtigen Zusammenhang des Inhalts meines Bewußtseins nicht kennen, würde ich meinen Körper nicht kennen, würde ich nicht mein Leben und würde kein anderes Leben kennen. Und deshalb kann die Vernichtung des Körpers und des Bewußtseins nicht als Kennzeichen für die Vernichtung meines besonderen Verhältnisses zur Welt dienen, das nicht mit diesem Leben begonnen hat und nicht in diesem Leben entstanden ist.

29

Die Furcht vor dem Tod kommt daher, daß die Menschen für das Leben halten, was nur ein kleiner eben durch ihre falsche Vorstellung begrenzter Teil davon ist.

Wir fürchten, beim leiblichen Tod unser besonderes Ich zu verlieren, das unseren Körper und unser zeitlich auftretendes Bewußtsein in eins verbindet; doch eben dieses mein besonderes Ich hat nicht mit meiner Geburt begonnen, und deshalb kann das Aufhören eines gewissen zeitlichen Bewußtseins nicht das vernichten, was alles zeitlich Bewußte in eins vereint.

Der leibliche Tod vernichtet in Wirklichkeit das, was den Körper zusammenhält, – das Bewußtsein des zeitlichen Lebens. Aber das geschieht mit uns doch fortwährend und jeden Tag, wenn wir einschlafen. Die Frage ist die, ob der leibliche Tod das vernichtet, was die aufeinanderfolgenden Bewußtseinszustände zu einem Ganzen verbindet, d. h. mein besonderes Verhältnis zur Welt. Um aber dies zu behaupten, muß man vor allem beweisen, daß eben dies besondere Verhältnis zur Welt, das die aufeinanderfolgenden Bewußtseinszustände verbindet, mit meinem leiblichen Dasein geboren ist und deshalb auch mit ihm sterben muß. Das ist aber nicht der Fall.

Wenn ich auf Grund meines Bewußtseins nachdenke, sehe ich, daß das, was die aufeinanderfolgenden Bewußtseinszustände in mir verbindet, eine gewisse Empfänglichkeit für das eine und eine Kälte gegen das andere ist, infolgedessen das eine in mir bleibt und das andere schwindet, der Grad meiner Liebe zum Guten und meines Hasses gegen das Böse, – daß dies mein besonderes Verhältnis zur Welt, das gerade mich, mich besonders, bestimmt, nicht das Erzeugnis einer beliebigen äußeren Ursache, sondern die Grundursache aller übrigen Erscheinungen meines Lebens ist.

Wenn ich aber auf Grund der Erfahrung nachdenke, scheint es mir anfänglich so, als lägen die Ursachen der Besonderheit meines Ichs in den Besonderheiten meiner Eltern und der Beziehungen, die auf mich und auf sie eingewirkt haben; aber wenn ich auf diesem Weg weiter nachdenke, kann ich nicht umhin zu sehen, daß, wenn mein besonderes Ich in der Besonderheit meiner Eltern und der Beziehungen, die auf sie eingewirkt haben, liegt, es auch in den Besonderheiten aller meiner Vorfahren und in den Beziehungen ihrer Existenz liegt – bis in die Unendlichkeit, d. h. außerhalb der Zeit und außerhalb des Raums, so daß mein besonderes Ich, d. h. eben das, dessen ich mir bewußt bin, – außerhalb des Raums und außerhalb der Zeit entstanden ist.

In dieser und nur in dieser außerzeitlichen und außerräumlichen Grundlage meiner besonderen

Beziehung zur Welt, welche den ganzen mir erinnerlichen und meiner Erinnerung vorangehenden Inhalt meines Bewußtseins in eins vereinigt (wie Plato es ausspricht und wir alle es in uns fühlen), – in *ihr*, eben in dieser Grundlage, in meiner besonderen Beziehung zur Welt liegt dieses besondere Ich, von dem wir fürchten, daß es durch den leiblichen Tod vernichtet wird.

Man braucht ja doch nur zu begreifen, daß das, was das ganze Bewußtsein in eins vereinigt, das, was eben das besondere Ich des Menschen ist, sich außerhalb der Zeit befindet, immer war und ist, und daß das, was unterbrochen werden kann, bloß der Bewußtseinszustand einer gewissen Zeit ist, – damit es klar werde, daß die Vernichtung des, der Zeit nach, letzten Bewußtseinszustandes beim leiblichen Tod ebenso wenig das wahre menschliche Leben vernichten kann wie das tägliche Einschlafen. Kein Mensch fürchtet sich doch einzuschlafen, obgleich beim Einschlafen dasselbe vor sich geht, wie beim Tod, nämlich das Bewußtsein in der Zeit aufhört. Der Mensch fürchtet sich nicht einzuschlafen, obgleich die Vernichtung des Bewußtseins vollkommen dieselbe ist wie beim Tod, – nicht etwa, weil er erwogen hat, daß er oft eingeschlafen und wieder aufgewacht ist und also wieder aufwachen wird (diese Erwägung wäre falsch; er ist tausendmal aufgewacht und kann zum tausendundersten Mal nicht aufwachen), – niemand bedenkt je dergleichen, und diese Erwägung würde keine Beruhigung gewähren; aber der

Mensch weiß, daß sein *wahres* Ich außerhalb der Zeit lebt, und daß deshalb das Aufhören seines Bewußtseins, das für ihn in der Zeit in Erscheinung tritt, sein Leben nicht zerstören kann.

Würde der Mensch auf tausend Jahre einschlafen wie im Märchen, dann würde er ebenso ruhig einschlafen wie auf zwei Stunden. Für das Bewußtsein nicht des zeitlichen, sondern des wahren Lebens sind eine Million Jahre der Unterbrechung in der Zeit oder acht Stunden völlig gleich, weil es für ein solches Leben keine Zeit gibt.

Vernichtet wird der Körper, vernichtet wird das Bewußtsein des heutigen Tages.

Doch an die Veränderung seines Körpers und das Ersetzen des bloß zeitlichen Bewußtseins durch ein anderes sollte der Mensch sich bereits gewöhnt haben. Diese Veränderungen haben ja mit dem Zeitpunkt begonnen, von dem an der Mensch sich seiner selbst erinnert, und sie sind unaufhörlich vor sich gegangen. Der Mensch fürchtet keine Veränderungen in seinem Körper und hat nicht nur keine Angst vor ihnen, sondern wünscht vielmehr sehr oft eine Beschleunigung dieser Veränderungen, er wünscht zu wachsen, wünscht zum Manne, wünscht geheilt zu werden. Der Mensch ist ein Stück rotes Fleisch gewesen und sein ganzes Bewußtsein bestand in Forderungen des Magens; jetzt ist er ein bärtiger vernünftiger Mann oder eine Frau, die ihre erwachsenen Kinder liebt. Alles ist anders geworden im Körper wie im Bewußtsein, und der Mensch hat keine Furcht gehabt vor jenen

Veränderungen, die ihn zu seinem jetzigen Zustand geführt haben, sondern hat sie willkommen geheißen. Was ist denn Furchtbares in der bevorstehenden Veränderung? Die Vernichtung? Das, worin das Bewußtsein des wahren Lebens besteht, die besondere Beziehung zu der Welt, hat doch nicht mit der Geburt des Körpers begonnen, sondern außerhalb des Körpers und außerhalb der Zeit. Wie also kann eine wie immer beschaffene zeitliche und räumliche Veränderung das vernichten, was außerhalb ihrer liegt? Der Mensch richtet seinen Blick auf ein kleines kaum wahrnehmbares Teilchen seines Lebens, will das Ganze nicht sehen und zittert davor, daß dieses kaum wahrnehmbare von ihm auserwählte Teilchen seinen Blicken entschwinden könnte. Dies erinnert an die Anekdote von jenem Wahnsinnigen, der sich einbildete, er sei aus Glas: als man ihn umwarf, sagte er: „kling!" und war tot. Damit der Mensch das Leben habe, muß er das ganze nehmen, und nicht den kleinen Teil davon, der im Raum und in der Zeit auftaucht. Dem, der das ganze Leben nehmen wird, wird noch mehr gegeben werden, dem aber, der einen Teil nehmen wird, wird auch das genommen werden, was er hat.

30

Das Leben ist das Verhältnis zur Welt. Das Fortschreiten des Lebens ist die Einrichtung einer neuen höheren Beziehung, und darum ist der Tod der Eintritt in eine neue Beziehung.

Das Leben können wir nicht anders verstehen, denn als ein gewisses Verhältnis zur Welt: so verstehen wir das Leben in uns selbst, und ebenso verstehen wir es in anderen Wesen.

In uns aber verstehn wir das Leben nicht nur als ein einmal existierendes Verhältnis, sondern auch als Anknüpfung eines neuen Verhältnisses zur Welt durch eine ständig zunehmende Unterwerfung der tierischen Person unter die Vernunft und die Offenbarung eines höheren Grades der Liebe. Die unvermeidliche Vernichtung der leiblichen Existenz, die wir an uns sehen, zeigt uns, daß das Verhältnis, in dem wir zur Welt stehen, kein beständiges ist, sondern daß wir genötigt sind, ein anderes zu gewinnen. Das Gewinnen dieses neuen Verhältnisses, d. h. die Bewegung des Lebens, vernichtet eben die ganze Vorstellung des Todes. Der Tod steht nur dem Menschen vor Augen, der sein Leben nicht in der Herstellung eines vernünftigen Verhältnisses zur Welt und seiner Äußerung in immer größerer Liebe erkannt hat, sondern bei dem Verhältnis geblieben ist, d. h. bei der Art der Liebe zu dem einen und der

Nichtliebe zu dem anderen, mit dem er in das Dasein eingetreten ist.

Das Leben ist eine unaufhörliche Bewegung, und indem der Mensch in demselben Verhältnis zur Welt, in demselben Grad der Liebe bleibt, mit denen er in das Leben eingetreten ist, fühlt er, daß er stille steht – und der Tod tritt vor ihn hin.

Nur einem solchen Menschen ist der Tod sichtbar und schrecklich. Das ganze Dasein eines solchen Menschen ist ein unaufhörlicher Tod. Der Tod ist ihm sichtbar und schrecklich nicht nur in der Zukunft, sondern auch in der Gegenwart, bei allen Anzeichen der Verminderung des tierischen Lebens, von der Kindheit bis zum Alter, denn das Fortschreiten des Daseins von der Kindheit bis zum Mannesalter scheint bloß eine zeitweilige Zunahme der Kräfte zu sein, ist aber in Wirklichkeit die gleiche von der Geburt bis zum Tode nicht aufhörende Vergröberung der Glieder, Verminderung der Schmiegsamkeit und der Lebensfähigkeit. Ein solcher Mensch sieht den Tod fortwährend vor sich, und nichts kann ihn vor ihm retten. Mit jedem Tag, jeder Stunde verschlimmert sich die Lage eines solchen Menschen, und nichts kann sie verbessern. Sein besonderes Verhältnis zur Welt, die Liebe zu dem einen und die Nichtliebe zu dem anderen, erscheint einem solchen Menschen bloß als *eine* der Bedingungen seines Daseins; und die einzige Tat des Lebens, die Herstellung eines neuen Verhältnisses zur Welt, die Vergrößerung der Liebe, erscheint ihm unnütz.

Sein ganzes Leben vergeht in dem Unmöglichen: sich von der unvermeidlichen Verminderung des Lebens, seiner Vergröberung, seiner Entkräftung, vom Altwerden und vom Tod zu befreien.

Anders ist es mit dem Menschen, der das Leben begreift. Ein solcher Mensch weiß, daß er sein besonderes Verhältnis zur Welt, seine Liebe zu dem einen und Nichtliebe zu dem anderen, aus der ihm verhüllten Vergangenheit in sein jetziges Leben mitgebracht hat. Er weiß, daß eben diese seine Liebe zu dem einen und Nichtliebe zu dem anderen, die er in diese seine Existenz mitgebracht hat, das eigentliche Wesen seines Lebens ist; daß dies nicht eine zufällige Eigenschaft seines Lebens ist, sondern daß dies allein das Fortschreiten des Lebens bewirkt; – und in diesem Fortschreiten allein, in der Vergrößerung der Liebe sucht er sein Leben.

Wenn er auf seine Vergangenheit in diesem Leben blickt, sieht er, daß seine Beziehung zu der Welt sich verändert, die Unterwerfung unter das Gesetz der Vernunft zugenommen und die Kraft und das Gebiet der Liebe sich unaufhörlich vergrößert hat, ihm immer größeres und größeres Wohl gebend, unabhängig von der proportionalen Verminderung der Existenz der Persönlichkeit und manchmal ihr gerade entgegengesetzt.

Ein solcher Mensch, der sein Leben aus der ihm unsichtbaren Vergangenheit entgegengenommen hat und sich dessen fortwährenden ununterbrochenen Wachstums bewußt geworden ist, trägt es nicht nur ruhig, sondern auch freudig in die unsichtbare Zukunft hinüber.

Man sagt, Krankheit, Alter, Hinfälligkeit, das Verfallen in einen kindlichen Zustand, das alles sei die Vernichtung des Bewußtseins und des Lebens des Menschen. Für welchen Menschen? Ich stelle mir nach der Tradition Johannes den Theologen vor, wie er vom Alter zurück in einen kindlichen Zustand gefallen war. Nach der Tradition sagte er nur: „Brüder, liebet einander." Ein hundertjähriger Greis, der kaum gehen kann, mit tränenden Augen, wispert nur ein und dieselben drei Worte: „Liebet einander!" In einem solchen Menschen dämmert kaum das tierische Dasein – es ist aufgezehrt von einem neuen Verhältnis zur Welt, einem neuen lebenden Wesen, das keinen Platz mehr findet in der Existenz des leiblichen Menschen.

Für den Menschen, der das Leben darin begreift, worin es wirklich besteht, heißt das Sprechen über die Verminderung seines Lebens bei Krankheiten und beim Alter und die Betrübnis darüber, soviel wie für einen Menschen, der zum Licht herantritt, die Betrübnis über die Verkürzung seines Schattens je nach seiner Annäherung zum Licht. Aber an die Vernichtung seines Lebens glauben, weil der Körper vernichtet wird, heißt soviel, wie daran glauben, daß die Vernichtung des Schattens eines Gegenstandes nach Eintritt des Gegenstandes in das volle Licht das wahre Kennzeichen der Vernichtung des Gegenstandes selbst ist. Solche Schlüsse könnte nur *der* Mensch ziehen, der so lange bloß den Schatten betrachtet hat, daß er sich schließlich einbildet, der Schatten sei der Gegenstand selbst.

Für den Menschen aber, der sich nicht aus der Spiegelung im räumlichen und zeitlichen Dasein, sondern aus seiner vermehrten liebevollen Beziehung zu der Welt kennt, ist die Vernichtung des Schattens räumlicher und zeitlicher Bedingungen bloß das Kennzeichen eines höheren Grades von Licht. Dem Menschen, der sein Leben als ein gewisses besonderes Verhältnis zur Welt begreift, mit dem er in das Dasein eingetreten ist und das in seinem Leben gewachsen ist durch die Zunahme seiner Liebe, ist der Glaube an seine Vernichtung dasselbe wie einem Menschen, der die äußeren sichtbaren Gesetze der Welt kennt, der Glaube daran, daß seine Mutter ihn unter einem Kohlblatt gefunden hat, und daß sein Körper plötzlich irgendwohin fliegen wird, so daß nichts übrig bleiben wird.

31

Das Leben der gestorbenen Menschen hört nicht auf in dieser Welt.

Noch klarer aber wird, ich will nicht sagen von anderer Seite, sondern aus dem Wesen des Lebens selbst, wie wir uns seiner bewußt werden, der Aberglaube des Todes. Mein Freund, mein Bruder hat gelebt so wie ich, und jetzt hat er aufgehört, so zu leben wie ich. Sein Leben war sein Bewußtsein und vollzog sich in den Bedingungen seiner körperlichen Existenz; es gibt also jetzt keinen Raum und keine Zeit für die Offenbarung seines Bewußtseins, und er ist für mich nicht mehr da. Mein Bruder war, ich war in Gemeinschaft mit ihm, und jetzt ist er nicht mehr und ich werde nie erfahren, wo er ist.

„Zwischen ihm und uns sind alle Bande zerrissen. Er ist für uns nicht mehr und auch wir werden für die nicht mehr sein, die zurückbleiben werden. Was ist das anderes als der Tod?" So sprechen die Menschen, die das Leben nicht verstehen. Diese Menschen sehen in dem Aufhören der menschlichen Gemeinschaft den unbezweifelbaren Beweis des wirklichen Todes. Und doch verflattert die Schattenhaftigkeit der Vorstellung von dem Tode durch nichts klarer und augenfälliger, als durch das Aufhören der leiblichen Existenz der uns nahestehenden Menschen. Mein Bruder ist gestorben, was ist also geschehen? Das ist geschehen, daß die meiner Beobachtung in Raum und Zeit zugängliche Offenbarung seines Verhältnisses zur Welt meinen Blicken entschwunden und nichts zurückgeblieben ist.

„Nichts ist zurückgeblieben!" so würde die Puppe, der Kokon sagen, der den Schmetterling noch nicht herausgelassen hat, wenn er sehen würde, daß der neben ihm liegende Kokon leer geworden ist. Aber der Kokon könnte so sagen, wenn er denken und sprechen könnte, denn da er seinen Nachbarn verloren hat, würde er ihn auch wirklich durch nichts mehr empfinden. Anders ist es mit dem Menschen. Mein Bruder ist gestorben, sein Kokon, es ist wahr, ist leer geworden, ich sehe ihn nicht mehr in der Form, in der ich ihn bisher gesehen, aber sein Entschwinden aus meinen Blicken hat meine Beziehung zu ihm nicht vernichtet. Mir ist, wie wir sagen, die Erinnerung an ihn geblieben.

Die Erinnerung an ihn ist geblieben, nicht die Erinnerung an seine Hände, an sein Antlitz, an seine Augen, sondern die Erinnerung an sein geistiges Bild.

Was ist diese Erinnerung? Ein so einfaches und, wie es scheint, so verständliches Wort! Es vergehen die Formen der Kristalle, der Tiere. Unter den Kristallen und den Tieren gibt es keine Erinnerungen. Ich aber habe die Erinnerung an meinen Freund, an meinen Bruder, und diese Erinnerung ist um so lebhafter, je mehr das Leben meines

Freundes, meines Bruders mit dem Gesetz der Vernunft übereinstimmte, je mehr er sich in der Liebe offenbart hat. Diese Erinnerung ist nicht bloß eine Vorstellung, sondern diese Erinnerung ist etwas, das auf mich einwirkt, und zwar ebenso einwirkt, wie das Leben meines Bruders auf mich während der Zeit seines irdischen Daseins eingewirkt hat. Diese Erinnerung ist dieselbe unsichtbare immaterielle Atmosphäre, die sein Leben umgeben und während seines leiblichen Daseins auf mich und auf andere eingewirkt hat, ebenso wie sie auch nach seinem Tod auf mich einwirkt. Diese Erinnerung fordert von mir jetzt, nach seinem Tod, genau dasselbe, was sie während seines Lebens von mir gefordert hat. Mehr als das: diese Erinnerung wird für mich nach selnem Tod viel bindender, als sie es zu seinen Lebzeiten war. Jene Kraft des Lebens, die in meinem Bruder gewesen ist, ist nicht nur nicht verschwunden und nicht geringer geworden, sie ist auch nicht dieselbe geblieben, sie ist sogar größer geworden und wirkt auf mich stärker als früher.

Die Kraft seines Lebens wirkt nach seinem leiblichen Tod ebenso oder noch stärker als vor dem Tod, und wirkt wie alles wahrhaft Lebende. Mit welcher Begründung also, da ich diese Kraft des Lebens an mir als dieselbe empfinde, die sie während des leiblichen Daseins meines Bruders gewesen ist, d. h. als sein Verhältnis zur Welt, das sich über mein Verhältnis zur Welt aufklärt, kann ich behaupten, daß mein verstorbener Bruder kein

Leben mehr besitzt? Ich kann sagen, daß er aus jenem niedrigsten Verhältnis zur Welt, in dem er sich als Tier befunden hat, und in dem ich mich noch befinde, herausgetreten ist, und das ist alles; ich kann sagen, daß ich jenes Zentrum des neuen Verhältnisses zur Welt, in dem er sich jetzt befindet, nicht sehe; ich kann aber nicht sein Leben ableugnen, denn ich empfinde dessen Kraft an mir. Ich habe in der widerspiegelnden Oberfläche gesehen, wie der Mensch mich festgehalten hat; die widerspiegelnde Oberfläche hat sich getrübt. Ich sehe nicht mehr, wie der Mensch mich festhält, fühle aber mit meinem Wesen, daß er mich immer noch ebenso festhält und daß er folglich existiert.

Und noch mehr als das: dieses mir unsichtbare Leben meines Bruders wirkt nicht bloß auf mich, sondern es dringt in mich ein. Sein besonderes lebendes Ich, sein Verhältnis zur Welt wird das meinige. In der Feststellung des Verhältnisses zur Welt erhebt er mich gleichsam auf jene Stufe, auf die er sich selbst erhoben hat, und mir, meinem besonderen lebenden Ich, wird jene folgende Stufe klarer, die er bereits betreten hatte, als er meinen Blicken entschwand, und wohin er mich nach sich zieht. So erkenne ich für mich das Leben meines im leiblichen Tod entschlafenen Bruders und kann darum nicht an seinem Leben zweifeln; und wenn ich auch die Wirkung dieses meinen Blicken entschwundenen Lebens auf die Welt beobachte, überzeuge ich mich noch unzweifelhafter von der Wirklichkeit dieses meinen Blicken entschwundenen

Lebens. Der Mensch ist gestorben, aber sein Verhältnis zur Welt wirkt fort auf die Menschen, und nicht nur so wie im Leben, sondern wesentlich stärker, und die Wirkung steigert sich in dem Maße der Vernünftigkeit und der Liebe und wächst wie alles Lebende, ohne je aufzuhören und ohne Unterbrechungen zu kennen.

Christus ist vor sehr langer Zeit gestorben und seine leibliche Existenz war eine sehr kurze, und wir haben keine klare Vorstellung von seiner leiblichen Persönlichkeit, aber die Kraft seines vernünftig-liebevollen Lebens, seines Verhältnisses zur Welt wirkt – wie die keines anderen – bis heute auf Millionen von Menschen, die dieses sein Verhältnis zur Welt in sich aufnehmen und durch dieses leben. Was ist es denn, das da wirkt? Was ist das, was früher mit dem leiblichen Dasein Christi verbunden war und was die Fortsetzung und Ausbreitung dieses seines Lebens bildet? Wir sagen, das ist nicht das Leben Christi, sondern dessen Folgen. Und wenn wir solche jeder Bedeutung entbehrende Worte ausgesprochen haben, glauben wir, wir hätten etwas Klareres und Bestimmteres gesagt als das, daß diese Kraft der lebende Christus selbst sei. – Ganz genauso könnten ja die Ameisen sagen, wenn die Eichel, an der sie gegraben haben, hervorgewachsen und zur Eiche geworden ist, die den Boden mit ihren Wurzeln zerreißt, Äste, Blätter, neue Eicheln verliert, das Licht und den Regen abhält und alles, was um sie her gelebt hat, verändert. „Dies ist nicht das Leben der Eichel" – werden die Ameisen sagen – „sondern es sind die Folgen ihres Lebens, das aufgehört hat, als wir die Eichel fortschleppten und in ein Loch warfen."

Mein Bruder ist gestern oder vor tausend Jahren gestorben, und dieselbe Kraft seines Lebens, die während seines leiblichen Daseins gewirkt hat, fährt fort in mir und in Hundertausenden, in Millionen von Menschen noch stärker zu wirken, obgleich das mir sichtbare Zentrum dieser Kraft seiner zeitlichen leiblichen Existenz meinen Blicken entschwunden ist. Was bedeutet das nun? Ich habe das Gras vor mir brennen sehen. Die Flamme in diesem Gras ist erloschen, der Feuerschein aber ist noch stärker geworden: ich sehe die Ursache des Scheins nicht, ich weiß nicht, was da brennt, ich kann aber die Folgerung daraus ziehen, daß dasselbe Feuer, das dieses Gras verzehrt hat, jetzt einen fernen Wald oder etwas Ähnliches verzehrt, was ich nicht sehen kann. Dieser Schein aber ist derart, daß ich nicht nur ihn jetzt sehe, sondern daß er allein mich leitet und mir Leben gibt. Ich lebe durch dieses Licht. Wie also sollte ich es ableugnen? Ich kann denken, daß die Kraft dieses Lebens jetzt ein anderes mir unsichtbares Zentrum hat. Aber ableugnen kann ich sie nicht, da ich sie empfinde, mich durch sie bewege und durch sie lebe. Welcher Art dieses Zentrum ist, welcher Art dieses Leben an sich ist, kann ich nicht wissen, – ich kann raten, wenn ich gern rate und mich nicht davor fürchte, zu irren. Wenn ich aber einen vernünftigen

Begriff des Lebens suche, so begnüge ich mich mit dem klaren unzweifelhaften Begriff und werde das, was klar und unzweifelhaft ist, nicht dadurch verderben, daß ich ihm dunkle willkürliche Rätsel hinzufüge. Es genügt mir zu wissen, daß alles das, wodurch ich lebe sich aus dem Leben der vor mir gewesenen und längst gestorbenen Menschen gebildet hat, und daß deshalb jeder das Gesetz des Lebens erfüllende Mensch, der seine tierische Person der Vernunft unterworfen und die Kraft der Liebe betätigt hat, nach Vernichtung seiner leiblichen Existenz in anderen Menschen gelebt hat und lebt, damit der abgeschmackte und schreckliche Aberglaube des Todes mich nie mehr quäle.

An Menschen, die eine nach ihnen fortwirkende Kraft hinterlassen, können wir auch beobachten, weshalb diese Menschen, nachdem sie ihre Persönlichkeit der Vernunft unterworfen und sich dem Leben hingegeben hatten, dem Gedanken an die Möglichkeit der Vernichtung des Lebens nie Raum geben konnten und nie Raum gegeben haben.

In dem Leben solcher Menschen können wir auch die Grundlage ihres Glaubens an die Fortdauer des Lebens finden und dann, nachdem wir auch in unser Leben eingedrungen sind, diese Grundlage auch in uns finden. Christus hat gesagt, er werde leben auch nach dem Entschwinden des Trugbildes des Lebens. Er sagte das, weil er bereits damals, während der Zeit seines leiblichen Daseins, in jenes wahre Leben eingetreten war, das nicht aufhören kann. Er lebte bereits während seines leiblichen Daseins in den Strahlen des Lichtes aus jenem anderen Zentrum des Lebens, zu dem er ging, und sah während seines Lebens, wie die Strahlen dieses Lichts bereits die Menschen um ihn her erleuchteten. Dasselbe sieht auch jeder Mensch, welcher der Persönlichkeit entsagt und ein vernünftiges liebendes Leben lebt.

Wie eng der Kreis der Tätigkeit des Menschen auch sein mag, sei er Christus oder Sokrates, sei er ein guter, unbekannter Greis voll Selbstverleugnung, ein Jüngling oder eine Frau, wenn er seiner Persönlichkeit entsagt und für das Wohl anderer lebt, tritt er bereits hier in diesem Leben in jenes neue Verhältnis zu der Welt, für die es keinen Tod gibt, und erfüllt die Bedingung, die für alle Menschen die Aufgabe dieses Lebens ist.

Der Mensch, der sein Leben an die Unterwerfung unter das Gesetz der Vernunft und an die Betätigung der Liebe gesetzt hat, sieht bereits in diesem Leben von der einen Seite die Strahlen des Lichts jenes neuen Zentrums des Lebens, zu dem es geht, und von der anderen die Wirkung, die dieses Licht, das durch ihn hindurchgeht, auf die ihn umgebenden hervorbringt. Und dies gibt ihm einen unzweifelhaften Glauben an die Unmöglichkeit einer Verringerung, an die Unsterblichkeit und an die ewige Steigerung des Lebens. Den Glauben an die Unsterblichkeit kann man nicht von irgend jemandem annehmen, man kann sich von der Unsterblichkeit nicht überzeugen. Damit der Glaube an die Unsterblichkeit da sei, muß die Unsterblichkeit da sein; damit sie aber da sei, muß man sein Leben begreifen in dem, worin es unsterblich ist. An das zukünftige Leben glauben kann nur der, der die Aufgabe seines Lebens vollbracht, der in diesem Leben jenes neue Verhältnis zur Welt hergestellt hat, das in ihr keinen Platz mehr hat.

32

Der Aberglaube des Todes kommt daher, daß der Mensch seine verschiedenen Verhältnisse zur Welt verwechselt.

Ja, wenn man das Leben in seiner wahren Bedeutung sieht, dann wird es sogar schwer zu verstehen, worauf der sonderbare Aberglaube des Todes beruht.

Ebenso kann man, wenn man erkannt hat, was einen in der Dunkelheit wie ein Gespenst erschreckt hat, auf keine Weise diese Gespensterfurcht von neuem erwecken.

Die Furcht, das zu verlieren, was allein existiert, entsteht nur daraus, daß das Leben sich dem Menschen nicht nur in dem einen ihm bekannten, aber unsichtbaren besonderen Verhältnis seines vernünftigen Bewußtseins zur Welt darstellt, sondern auch noch in zwei ihm unbekannten, aber sichtbaren Verhältnissen, des seines tierischen Bewußtseins und des seines Körpers zur Welt.

Alles Bestehende stellt sich dem Menschen dar: 1) als Verhältnis seines vernünftigen Bewußtseins zur Welt, 2) als Verhältnis seines tierischen Bewußtseins zur Welt, und 3) als Verhältnis der Materie seines Körpers zur Welt. Der Mensch, der nicht begreift, daß das Verhältnis seines vernünftigen Bewußtseins zur Welt sein *einziges* Leben ist, stellt sich sein Leben auch noch in der sichtbaren

Beziehung seines tierischen Bewußtseins und der Materie seines Körpers zur Welt vor und fürchtet die besondere Beziehung seines vernünftigen Bewußtseins zur Welt zu verlieren, wenn die frühere Beziehung seiner Tierheit und der Materie, aus der er besteht, zur Welt in seiner Persönlichkeit gestört wird.

Ein solcher Mensch meint, daß er aus der Bewegung der Materie entsteht, die auf die Stufe persönlichen tierischen Bewußtseins übergeht. Er meint, daß dieses tierische Bewußtsein in das vernünftige übergeht und daß danach dieses vernünftige Bewußtsein sich abschwächt und wieder in das tierische zurücktritt und zuletzt sich das tierische Bewußtsein abschwächt und in die tote Materie übergeht, aus der es hergekommen ist. Die Beziehung seines vernünftigen Bewußtseins zur Welt aber erscheint ihm bei dieser Anschauung als etwas Zufälliges, Unnützes und Vergängliches. Bei dieser Anschauung stellt sich heraus, daß die Beziehung seines tierischen Bewußtseins zur Welt nicht vernichtet werden kann; das Tierische setzt sich in seinem Geschlecht fort; die Beziehung der Materie zur Welt kann erst recht nicht vernichtet werden und ist ewig; das Kostbare aber – sein vernünftiges Bewußtsein – ist nicht nur ewig, sondern nur ein Schimmer von irgend etwas Unnützem, Überflüssigem.

Und der Mensch fühlt, daß dies nicht so sein kann. Und darin liegt die Furcht vor dem Tod. Um sich vor dieser Furcht zu retten, suchen die einen sich zu überreden, daß ihr tierisches Bewußtsein eben ihr vernünftiges Bewußtsein ist und daß die Nichtsterblichkeit des tierischen Menschen, d. h. seines Geschlechts, seiner Nachkommenschaft, jener Forderung der Unsterblichkeit des vernünftigen Bewußtseins, die sie in sich tragen, genügt. Andere suchen sich zu überreden, daß das Leben, das nie vorher existiert hat und plötzlich in leiblicher Gestalt aufgetaucht und verschwunden ist, wieder im Fleische auferstehen und leben wird. Für diejenigen Menschen jedoch, die nicht das Leben in der Beziehung des vernünftigen Bewußtseins zur Welt anerkennen, ist es unmöglich, sowohl an das eine wie an das andere zu glauben. Für sie ist es einleuchtend, daß die Fortpflanzung des menschlichen Geschlechts der unaufhörlich auftretenden Forderung der Ewigkeit ihres besonderen Ichs nicht genügt; der Begriff aber des neu beginnenden Lebens schließt den Begriff des Aufhörens des Lebens in sich, und wenn das Leben nicht früher, wenn es nicht immer gewesen ist, so kann es auch später nicht sein.

Für die einen wie die anderen ist das irdische Leben wie eine Welle. Aus der toten Materie erhebt sich die Persönlichkeit, aus der Persönlichkeit das vernünftige Bewußtsein, die Höhe der Welle; auf der Höhe angelangt, läßt sich die Welle, das vernünftige Bewußtsein und die Persönlichkeit, wieder dahin abgleiten, von wo sie hervorgekommen ist, und wird vernichtet. Das menschliche Leben ist für die einen wie für die anderen ein sichtbares Leben. Der Mensch ist aufgewachsen, reif geworden, gestorben, und nach dem Tod kann es für ihn nichts mehr geben; das, was nach ihm und von ihm geblieben ist, die Nachkommenschaft oder selbst seine Werke, kann ihn nicht befriedigen. Er beklagt sich, er fürchtet das Aufhören seines Lebens. Daran aber, daß dieses sein Leben, das hier auf Erden in seinem Körper begonnen und hier auch geendet hat, daß dieses sein Leben wieder auferstehen wird, daran kann er nicht glauben.

Der Mensch weiß, daß, wenn er nicht vorher gewesen ist und wenn er aus nichts entstanden und hernach gestorben ist, sein bisheriges Ich nie wieder sein wird und nie wieder sein kann. Der Mensch wird nur dann erkennen, daß er nicht sterben wird, wenn er erkennen wird, daß er nie geboren worden ist und immer war, ist und sein wird. Der Mensch wird nur dann an seine Unsterblichkeit glauben, wenn er begreifen wird, daß sein Leben keine Welle, sondern jene ewige Bewegung ist, die in diesem Leben bloß als Welle auftaucht.

Ich habe die Vorstellung, daß ich sterben werde, daß mein Leben aufhören wird, und dieser Gedanke quält und ängstigt mich, weil ich mich beklage. Was wird denn sterben? Was bedauere ich? Was bin ich vom allergewöhnlichsten Gesichtspunkt aus? Ich bin vor allem Fleisch. Nun? Darum ängstige ich mich, das bedauere ich? Es ergibt sich, nein: der Körper, die Materie kann nie, nirgends verloren gehen, nicht das kleinste

Teilchen. Also dieser Teil von mir ist gesichert, für diesen Teil habe ich nichts zu fürchten. Alles wird unversehrt bleiben. Doch nein, sagt man, nicht das beklagen wir. Mich bedauere ich, mich, Leo Nikolajewitsch, Iwan Semjonytsch ... Aber es ist doch jeder nun ein anderer, als er vor zwanzig Jahren war, und wird von Tag zu Tag ein anderer. Welchen also beklagst du? Nein, heißt es, nicht das, nicht den beklage ich. Ich beklage das Bewußtsein meiner selbst, mein Ich.

Aber dieses dein Bewußtsein ist nicht immer dasselbe gewesen, es ist vielmehr verschiedenartig gewesen: es ist ein anderes gewesen vor einem Jahr, ein anderes vor zehn Jahren und ein ganz anderes noch früher; soweit du dich zurückerinnerst, hat es sich fortwährend verändert: warum gefällt dir denn dein jetziges Bewußtsein so sehr, daß es dir leid tut, es zu verlieren? Wenn es immer dasselbe gewesen wäre, dann wäre es begreiflich, aber es hat ja nichts anderes getan, als sich fortwährend zu verändern. Seinen Anfang siehst du nicht und kannst ihn nicht finden, und plötzlich willst du, daß es kein Ende haben soll, daß das Bewußtsein, das jetzt in dir ist, auf immer bleibe. Seit du dich deiner entsinnst, bist du immer vorwärtsgegangen. Du bist in dieses Leben gekommen, du weißt selbst nicht wie, du weißt aber, daß du als dieses besondere Ich gekommen bist, welches du bist; dann bist du weiter, immer weiter gegangen, bist zur Mitte gelangt und plötzlich stemmst du dich und willst dich nicht von der Stelle rühren, willst nicht weitergehen, weil du nicht siehst, was dort ist! Du hast ja aber auch den Ort nicht gesehen, von dem du kommst, und bist doch gekommen; du bist durch das Eingangstor eingetreten und willst nicht durch das Ausgangstor hinausgehen.

Dein ganzes Leben war ein Gang durch das leibliche Dasein: du gingst, eiltest vorwärts und plötzlich beklagst du, daß sich das vollzieht, was du selbst unaufhörlich getan hast. Du fürchtest dich vor der großen Veränderung deines Zustandes beim leiblichen Tod; aber eine so große Veränderung ist ja mit dir auch bei deiner Geburt vorgegangen, und daraus ist für dich nicht nur nichts Schlimmes entstanden, sondern im Gegenteil etwas so Gutes, daß du dich davon gar nicht trennen willst.

Was kann dich erschrecken? Du sagst, daß du dich beklagst, dich, mit deinen jetzigen Gefühlen, Gedanken, Weltanschauungen, mit deiner jetzigen Beziehung zur Welt.

Du fürchtest, deine jetzige Beziehung zur Welt zu verlieren. Welche Beziehung ist denn das? Worin besteht sie?

Wenn sie darin besteht, daß du so ißt, trinkst, dich fortpflanzt, Wohnungen baust, dich kleidest, so oder anders dich zu den anderen Menschen und Tieren verhältst, so ist ja das alles die Beziehung eines jeden Menschen als eines denkenden Tieres zum Leben – und diese Beziehung kann in keiner Weise verloren gehen; solche waren und sind und werden Millionen sein, und ihr Geschlecht wird sich ebenso unzweifelhaft erhalten wie jedes Teilchen der Materie. Die Erhaltung des Geschlechts ist in solcher Kraft in alle Tiere hineingelegt, und ist deshalb so dauerhaft, daß nichts dafür zu fürchten ist. Wenn du ein Tier bist, so hast du nichts zu fürchten, wenn du aber Materie bist, so bist du noch gesicherter in deiner Ewigkeit.

Wenn du aber das zu verlieren fürchtest, was nicht das Tierische ist, so fürchtest du deine besondere vernünftige Beziehung zur Welt zu verlieren, das, womit du in dieses Dasein eingetreten bist. Du weißt aber, daß es nicht mit deiner Geburt entstanden ist; es besteht unabhängig von dem Ent- und Bestehen deiner Tierheit und kann deshalb auch nicht von ihrem Tod abhängig sein.

33

Das sichtbare Leben ist ein Teil der unendlichen Bewegung des Lebens.

Mir stellt sich mein irdisches Leben und das Leben aller anderen Menschen folgendermaßen dar:

Ich und jeder lebende Mensch finden uns in dieser Welt in einer gewissen bestimmten Beziehung zur Welt vor, mit einem gewissen Grade von Liebe. Anfangs meinen wir, mit dieser unserer Beziehung zur Welt beginne unser Leben, aber die Beobachtung unser selbst und anderer Menschen zeigt uns, daß diese Beziehung zur Welt, der Grad der Liebe eines jeden von uns, nicht mit diesem Leben begonnen hat, sondern von uns aus der, durch unsere Geburt uns verhüllten Vergangenheit ins Leben mitgebracht worden ist; außerdem sehen wir, daß der ganze Verlauf unseres Lebens hier nichts anderes ist, als ein nicht aufhörendes Wachsen, eine Steigerung unserer Liebe, die nie aufhört, sondern durch den leiblichen Tod unseren Blicken nur entzogen wird.

Unser sichtbares Leben erscheint mir als der Abschnitt eines Kegels, dessen Spitze und Basis sich meinem geistigen Auge entziehen. Der schmale Teil des Abschnitts ist jene meine Beziehung zur Welt, in der ich mir zuerst meiner bewußt wurde; der breite Teil ist jene höchste Beziehung zum

Leben, zu welcher ich jetzt gelangt bin. Der Anfang dieses Kegels, seine Spitze ist für mich in der Zeit durch meine Geburt verhüllt; die Fortsetzung des Kegels ist durch die in meinem leiblichen Dasein wie in meinem leiblichen Tod gleich unbekannte Zukunft vor mir verborgen. Ich sehe weder die Spitze des Kegels noch seine Basis, aber an dem Teil, in den mein sichtbares, mir erinnerliches Leben fällt, erkenne ich unzweifelhaft seine Eigenschaften. Anfangs scheint es mir, als sei eben dieser Abschnitt des Kegels mein ganzes Leben; aber je nach der Bewegung meines wahren Lebens sehe ich einerseits, daß das, was die Grundlage meines Lebens bildet, sich hinter ihm, jenseits seiner Grenzen befindet: je länger ich lebe, um so lebhafter und klarer sehe und fühle ich meine Verbindung mit der mir unsichtbaren Vergangenheit; andererseits sehe ich, wie eben diese Grundlage sich auf die mir unsichtbare Zukunft stützt: ich fühle klarer und lebhafter meine Verbindung mit der Zukunft und schließe daraus, daß das von mir gesehene Leben, mein irdisches Leben, nur ein kleiner Teil von meinem ganzen Leben ist, das von seinen beiden Enden an – vor der Geburt und nach dem Tod – unzweifelhaft existiert, sich aber vor meiner jetzigen Erkenntnis verbirgt. Und darum löscht das Aufhören der Sichtbarkeit des Lebens nach dem leiblichen Tod, ebenso wie seine Unsichtbarkeit vor der Geburt, nicht die Gewißheit seines Daseins vor der Geburt und nach dem Tod. Ich trete in das Leben ein mit gewissen fertigen Eigenschaften der Liebe zur Welt außerhalb meiner selbst. Meine leibliche Existenz – ob kurz oder lang – geht hin in der Vergrößerung dieser von mir ins Leben mitgebrachten Liebe, und daraus schließe ich unzweifelhaft, daß ich vor meiner Geburt gelebt habe und leben werde – wie nach jenem Moment der Gegenwart, in dem ich jetzt, während ich nachdenke, mich befinde, so auch nach jenem anderen Moment der Zeit vor oder nach meinem leiblichen Tod. Wenn ich auf den leiblichen Anfang und das leibliche Ende der Existenzen anderer Menschen (ja, Wesen überhaupt) blicke, so sehe ich, daß ein Leben länger, ein anderes kürzer ist; eines erscheint früher und bleibt länger für mich sichtbar, ein anderes erscheint später und verbirgt sich wieder sehr bald vor mir,in allen aber sehe ich die Offenbarung eines und desselben Gesetzes eines jeden wahren Lebens – der Vergrößerung der Liebe – gleichwie eine Verbreitung der Strahlen des Lebens. Früher oder später senkt sich der Vorhang, der mir den zeitlichen Lebenslauf der Menschen verhüllt; das Leben aller Menschen ist immer dasselbe, das eine Leben, und hat ebenso wie jedes Leben weder einen Anfang noch ein Ende. Und das, daß ein Mensch in den mir sichtbaren Bedingungen dieses Daseins länger oder kürzer gelebt hat, kann gar keinen Unterschied in seinem wahren Leben bilden. Daß ein Mensch länger über das mir offene Gesichtsfeld gegangen ist oder ein anderer schnell darüber hinweggeschritten ist, kann mich durchaus nicht veranlassen, dem ersten mehr und dem zweiten weniger wirkliches Leben zuzuschreiben. Ich weiß unzweifelhaft, wenn ich einen an meinem Fenster – gleichviel ob rasch oder langsam – vorübergehenden Menschen gesehen habe, ich weiß ganz bestimmt, daß dieser Mensch auch vor der Zeit dagewesen ist, ehe ich ihn erblickt, und fortfahren wird zu sein, auch nachdem er meinen Blicken entschwunden ist.

Warum aber gehen die einen rasch vorüber und die anderen langsam? Warum lebt der vertrocknete, geistig verknöcherte Greis, der unserer Ansicht nach unfähig ist, das Gesetz des Lebens – die Vergrößerung der Liebe – zu erfüllen, und das Kind, der Jüngling, das Mädchen, der Mann in der ganzen Kraft der geistigen Arbeit stirbt, tritt aus den Bedingungen dieses leiblichen Lebens heraus, in dem er, nach unserer Vorstellung, kaum begonnen hatte, in sich das richtige Verhältnis zum Leben festzustellen?

Begreiflich noch ist der Tod eines Pascal, eines Gogol; aber – Chénier, Lermontow und tausend andere Menschen, die, wie uns scheint, ihre innere Arbeit kaum begonnen hatten, die, wie uns scheint, so gut hier hätte vollendet werden können!

Das scheint uns aber nur so. Niemand von uns weiß etwas über jene Grundlagen des Lebens, die von anderen in die Welt mitgebracht worden sind, und über jene Bewegung des Lebens, die sich in ihm vollzogen hat, über jene Hindernisse der Bewegung des Lebens, die in diesem Leben enthalten sind, und hauptsächlich über jene anderen möglichen, aber uns sichtbaren Bedingungen des Lebens, unter welche in einem anderen Dasein das Leben dieses Menschen gestellt werden kann.

Wir glauben, wenn wir der Arbeit des Schmiedes zusehen, das Hufeisen sei ganz fertig, man braucht nur ein paarmal darauf zu schlagen, er aber zerbricht es und wirft es ins Feuer, weil er weiß, daß es nicht durchgeglüht ist.

Ob in dem Menschen die Arbeit des wahren Lebens sich vollzieht oder nicht, können wir nicht wissen. Wir wissen das nur von uns. Uns scheint, daß der Mensch stirbt, wenn er es nicht nötig hat; das kann aber nicht sein. Der Mensch stirbt nur dann, wenn das für sein Wohl unvermeidlich ist, ebenso wie der Mensch nur dann wächst und zum Mann wird, wenn er dessen für sein Wohl bedarf.

Und in der Tat, wenn wir unter dem Leben das Leben und nicht bloß sein Scheinbild verstehen, wenn das wahre Leben die Grundlage von allem ist, so kann die Grundlage nicht von dem abhängen, was sie hervorbringt: – die Ursache kann nicht von der Wirkung her kommen, der Lauf des wahren Lebens kann nicht durch die Veränderungen seiner Erscheinungen gestört werden. Die begonnene und nicht beendete Bewegung des Lebens des Menschen in dieser Welt kann nicht dadurch gehemmt werden, daß er ein Geschwür bekommt oder eine Bakterie auffängt oder daß ein Pistolenschuß auf ihn abgefeuert wird. Der Mensch stirbt bloß, weil in dieser Welt das Wohl seines wahren Lebens sich nicht vergrößern kann, nicht aber weil seine Lungen krank sind oder weil er den Krebs hat oder weil man auf ihn geschossen oder eine Bombe geworfen hat. Wir meinen gewöhnlich, es sei natürlich, das fleischliche Leben zu leben, und unnatürlich, durch Feuer, Wasser, Kälte, durch den Blitz, durch Krankheiten, Pistolen und Bomben zu sterben; man braucht aber nur ernsthaft nachzudenken, indem man das Leben der Menschen von der Seite betrachtet, um zu sehen, daß gerade das Gegenteil der Fall ist: es ist vollkommen unnatürlich für den Menschen, inmitten aller dieser verderblichen Bedingungen, inmitten der unzähligen überall verbreiteten und zum größten Teil tödlichen Bakterien ein fleischliches Leben zu leben. Es ist natürlich, daß er untergeht. Und deshalb ist das fleischliche Leben inmitten dieser verderblichen Bedingungen vielmehr etwas ganz Unnatürliches im materiellen Sinn. Wenn wir leben, so geschieht das nicht daher, weil wir uns schonen, sondern weil in uns die Aufgabe des Lebens sich vollzieht, die sich alle diese Bedingungen unterwirft. Wir leben nicht, weil wir uns schonen, sondern weil wir die Aufgabe des Lebens vollbringen. Hört die Aufgabe des Lebens auf, so vermag nichts mehr den unaufhörlichen Untergang des menschlichen, tierischen Lebens aufzuhalten – dieser Untergang vollzieht sich, und eine der nächsten, den Menschen stets umringenden Ursachen des fleischlichen Todes erscheint uns als seine einzige Ursache.

Unser *wahres* Leben *ist*, dieses allein kennen wir, aus ihm allein kennen wir das tierische Leben, und darum, wenn schon sein Scheinbild unabänderlichen Gesetzen unterworfen ist, wie sollte es selbst, das, was dieses Scheinbild hervorbringt, keinen Gesetzen unterliegen?

Uns beunruhigt aber das, daß wir die Ursachen und Handlungen unseres wahren Lebens nicht so sehen, wie wir die Ursachen und Handlungen in den äußeren Erscheinungen sehen: wir wissen nicht, weshalb der eine mit solchen Eigenschaften seines Ichs in die Welt eintritt und der andere mit anderen, weshalb das Leben des einen abreißt und das des anderen fortdauert. Wir fragen uns: was war vor meinem Dasein die Ursache davon, daß ich als das geboren wurde, was ich bin? Und was wird nach meinem Tod die Folge davon sein, ob ich so oder anders lebe? Und wir bedauern, auf diese Frage keine Antwort zu erhalten.

Zu bedauern aber, daß ich jetzt das nicht erfahren kann, was gerade vor meinem Leben war und was nach meinem Tod sein wird, wäre dasselbe, wie wenn ich bedauern wollte, daß ich das nicht sehen kann, was sich außerhalb der Grenzen meines Gesichtskreises befindet. Wenn ich aber das sehen würde, was außerhalb meines Gesichtskreises liegt, so würde ich ja jenes nicht sehen, was innerhalb seiner Grenzen liegt. Für mich aber, für das Wohl meiner Tierheit ist es am notwendigsten, das zu sehen, was um mich herum ist.

Ebenso verhält es sich auch mit der Vernunft, vermittelst derer ich erkenne. Wenn ich das sehen könnte, was außerhalb der Grenzen meiner Vernunft liegt, so würde ich jenes nicht sehen, was innerhalb ihrer Grenzen liegt. Zum Wohle meines wahren Lebens aber ist es für mich am notwendigsten zu wissen, wem ich *hier* und *jetzt* meine tierische Person unterordnen muß, um das Glück des Lebens zu gewinnen. Und die Vernunft offenbart mir dies, eröffnet mir in diesem Leben jenen einzigen Weg, auf dem ich kein Ende meines Glückes sehe.

Sie zeigt unbezweifelbar, daß dieses Leben nicht mit der Geburt angefangen hat, sondern daß es immer war und ist, zeigt, daß das Glück dieses Lebens hier wächst und zunimmt, bis es die Grenzen erreicht, die es nicht mehr zu fassen vermögen, und dann erst aus jenen Bedingungen hinaustritt, die sein Wachstum aufhalten, und in ein anderes Dasein hinübergeht.

Die Vernunft stellt den Menschen auf jenen einzigen Weg des Lebens, der, einem kegelförmig sich erweiternden Tunnel gleich, ihm in der Ferne die unbezweifelbare Unendlichkeit des Lebens und dessen Glückes eröffnet.

34

Die Unerklärbarkeit der Leiden des irdischen Daseins gibt dem Menschen den überzeugendsten Beweis dafür, daß sein Leben nicht ein Leben der Person ist, das mit der Geburt anfängt und mit dem Tod endet.

Wenn der Mensch aber auch imstande wäre, den Tod nicht zu fürchten und nicht an ihn zu denken, so würden doch allein die Leiden, die schrecklichen, zwecklosen, durch nichts gerechtfertigten und nie abwendbaren Leiden, denen er ausgesetzt ist, genügen, um jeden vernünftigen Sinn, der dem Leben zugeschrieben wird, zu zerstören.

Ich bin mit einer guten, für andere zweifellos nützlichen Sache beschäftigt, plötzlich trifft mich eine Krankheit, zerreißt meine Beschäftigung und quält und martert mich ohne allen Sinn und Verstand. Die Schraube einer Eisenbahnschiene ist durchgerostet, und gerade an dem Tag, an dem sie herausspringt, fährt mit dem Zug, in dem Waggon, eine gute Frau, eine Mutter mit ihren Kindern, und sieht, wie ihre Kinder vor ihren Augen zermalmt werden. Bei einem Erdbeben wird gerade die Stelle erschüttert, auf der Lissabon oder Wjernyj steht, und vollkommen unschuldige Menschen werden lebendig begraben und sterben unter entsetzlichen Qualen. Was hat das für einen Sinn? Warum, wofür sind diese und tausend andere sinnlose furchtbare Zufälligkeiten der Leiden, die über die Menschen hereinbrechen?

Die Verstandeserklärungen erklären nichts. Die Verstandeserklärungen aller solcher Erscheinungen umgehen immer gerade das Wesentliche der Frage und zeigen noch überzeugender ihre Unlösbarkeit. Ich bin krank geworden, weil diese oder jene Mikroben da oder dort hineingeflogen sind; oder die Kinder sind vor den Augen der Mutter durch den Zug zermalmt worden, weil die Feuchtigkeit diese oder jene Wirkung auf das Eisen ausübt; oder Wjernyj ist eingestürzt, weil diese oder jene geologischen Gesetze wirksam sind. Aber die Frage liegt ja darin, warum gerade diese oder jene Menschen gerade diesen oder jenen furchtbaren Leiden ausgesetzt waren, und wie ich mich von diesen Zufälligkeiten des Leidens befreien soll?

Darauf gibt es keine Antwort. Im Gegenteil, mein Denken zeigt mir offenbar, daß es kein Gesetz gibt und keines geben kann, nach dem *ein* Mensch diesen Zufälligkeiten unterworfen ist und ein anderer nicht, daß es dergleichen Zufälligkeiten eine zahllose Menge gibt, und daß deshalb, was ich auch tun mag, mein Leben in jeder Sekunde all den unzähligen Zufälligkeiten des allerschrecklichsten Leidens ausgesetzt ist.

Wenn die Menschen nur die Schlüsse ziehen wollten, die unvermeidlich aus ihrer Weltanschauung folgen, so würden die Menschen, die ihr Leben als persönliches Dasein auffassen, nicht eine

Minute lang am Leben bleiben. Kein einziger Arbeiter würde bei einem Herrn bleiben, der bei der Annahme des Arbeiters sich das Recht ausbedingen würde, jedesmal, wenn es ihm einfallen sollte, diesen Arbeiter auf dem Feuer langsam zu braten oder ihn lebendig zu schinden oder ihm die Sehnen herauszuziehen oder überhaupt alle jenen Greuel zu vollbringen, die er unter den Augen des sich Verdingenden ohne alle Erklärung und Ursache an seinen Arbeitern vollbringt. Wenn die Menschen das Leben wirklich so begreifen würden, wie sie sagen, daß sie es begreifen, würde kein einziger, allein schon aus Furcht vor allen jenen qualvollen und durch nichts zu erklärenden Leiden, die er um sich herum sieht und denen er in jeder Sekunde verfallen kann, auf der Welt leben bleiben.

Die Menschen aber leben, obwohl sie alle verschiedene leichte Mittel kennen, sich zu töten, um aus diesem Leben, das mit so grausamen und sinnlosen Leiden erfüllt ist, hinauszugehen, sie leben; sie klagen, sie weinen über ihre Leiden und – leben weiter.

Man kann nicht sagen, daß dies daher käme, daß es in diesem Leben mehr Genüsse gebe als Leiden: erstens, weil nicht nur die einfache Überlegung, sondern auch die philosophische Erforschung des Lebens deutlich zeigt, daß das ganze irdische Leben eine Reihe von Leiden ist, die durch die Genüsse lange nicht aufgewogen werden; zweitens, weil wir alle von uns und von anderen wissen, daß Menschen, die sich in einer Lage befinden, die nichts anderes bietet, als eine Reihe sich steigernder Leiden ohne die Möglichkeit einer Erleichterung bis zum Tod selbst, sich nicht töten und am Leben festhalten.

Für diesen sonderbaren Widerspruch gibt es nur eine Erklärung: alle Menschen wissen im Grunde ihrer Seele, daß all die Leiden stets notwendig und für das Wohl ihres Leben unumgänglich sind, und sie fahren bloß deshalb fort zu leben und sich diesen Leiden, die sie vorhersehen, zu unterwerfen. Sie empören sich aber über die Leiden deshalb, weil bei der falschen Ansicht vom Leben, die das Wohl bloß der Person verlangt, die Störung dieses Wohles, die nicht zum *offenbaren* Wohl führt, als etwas Unbegreifliches und darum Empörendes erscheinen muß.

Und die Menschen entsetzen sich vor den Leiden und wundern sich über sie als über etwas vollständig Unerwartetes und Unbegreifliches. Gleichwohl ist jeder Mensch im Leiden aufgewachsen, sein ganzes Leben ist eine Reihe von Leiden, die er empfindet und die er anderen Wesen auferlegt, und es wäre, sollte man meinen, Zeit, sich an Leiden gewöhnt zu haben, vor ihnen nicht zu erschrecken und sich nicht zu fragen: wozu und wofür die Leiden? Der Mensch, der nur ein wenig nachdenkt, wird sehen, daß alle seine Genüsse durch die Leiden anderer Wesen erkauft werden, daß alle seine Leiden eben für seinen Genuß notwendig sind, daß es ohne Leiden keinen Genuß gibt, daß Leiden und Genüsse zwei entgegengesetzte Zustände sind, die einer durch den anderen hervorgerufen werden und einer für den anderen notwendig sind. Was bedeuten also diese Fragen: warum, wofür die Leiden, die sich jeder vernünftige Mensch stellt? Der Mensch, der da weiß, daß das Leiden mit dem Genuß verbunden ist, weshalb fragt er sich: warum, wofür das Leiden, und fragt sich nicht – warum, wofür der Genuß?

Das ganze Leben des Tieres und des Menschen als Tier ist eine Kette ununterbrochener Leiden. Die ganze Tätigkeit des Tieres und des Menschen als Tier wird nur durch die Leiden hervorgerufen. Die Leiden sind eine krankhafte Empfindung, die eine Tätigkeit hervorruft, die diese krankhafte Empfindung beseitigt und einen Zustand des Genusses hervorbringt. Und das Leben des Tieres und des Menschen als Tier wird nicht nur durch das Leiden nicht gestört, sondern es vollzieht sich nur dank diesem Leiden. Folglich sind die Leiden das, was das Leben bewegt, und deshalb eben das, was sein muß; wonach also fragt der Mensch, wenn er fragt: warum und wofür das Leiden?

Das Tier fragt das nicht.

Wenn der Barsch aus Hunger die Plötze quält, wie die Spinne die Mücke und der Wolf das Schaf, so wissen sie, daß sie das tun, was sein muß, und daß gerade das sich vollzieht, was sein muß; und darum, wenn der Barsch und die Spinne und der Wolf gleiche Qualen durch Stärkere erfahren, so wissen sie, indem sie fortlaufen, sich wehren, sich losreißen, daß sie alles tun, was sein muß, und deshalb kann in ihnen nicht der leiseste Zweifel bestehen, daß mit ihnen eben das vorgeht, was sein muß. Aber der Mensch, der nur mit der Heilung seiner Beine beschäftigt ist, nachdem sie ihm auf dem Schlachtfeld abgerissen wurden, wo er wiederum anderen die Beine abgerissen hat, oder der nur damit beschäftigt ist, seine Zeit auf die beste Weise in der dunklen Einzelzelle zu verbringen, nachdem er selbst direkt oder indirekt Menschen hineingesteckt hat, oder der Mensch, der nur darauf bedacht ist, sich gegen die Wölfe, die ihn zerfleischen, zu verteidigen, und vor ihnen fortzulaufen, nachdem er selbst Tausende von tierischen Wesen getötet und aufgegessen hat – der Mensch kann nicht finden, daß alles das, was mit ihm geschieht, eben das ist, was sein muß. Er kann das, was mit ihm vorgeht, nicht als das erkennen, was sein muß, weil er nicht alles getan hat, was er tun mußte. Da er aber nicht alles getan hat, was er tun mußte, so scheint es ihm auch, daß mit ihm vorgeht, was nicht sein muß.

Was aber soll der Mensch, der von Wölfen zerrissen wird, anderes tun, als daß er sich gegen die Wölfe wehrt und vor ihnen fortläuft? – Das, was dem Menschen als einem vernünftigen Wesen zu tun eigen ist: die Sünde, die das Leiden hervorgebracht hat, einsehen, sie bereuen und die Wahrheit erkennen.

Das Tier leidet nur in der Gegenwart, und deshalb findet es in der durch die Leiden hervorgerufenen

Tätigkeit, die auf das Tier selbst in der Gegenwart gerichtet ist, volle Befriedigung. Der Mensch jedoch leidet nicht nur in der Gegenwart, er leidet auch in der Vergangenheit und in der Zukunft, und deshalb kann die durch die Leiden des Menschen hervorgerufene Tätigkeit, wenn sie bloß auf die Gegenwart des tierischen Menschen gerichtet ist, ihn nicht befriedigen. Nur eine Tätigkeit, die auf die Ursache und auf die Folgen der Leiden, auf die Vergangenheit und auf die Zukunft gerichtet ist, befriedigt den leidenden Menschen.

Das Tier ist eingesperrt und rüttelt an seinem Käfig, oder es hat ein Bein gebrochen und beleckt die kranke Stelle, oder es wird von einem anderen Tier gefressen und verteidigt sich. Das Gesetz seines Lebens wird von außen übertreten, und das Tier richtet seine Tätigkeit auf dessen Wiederherstellung, und es vollzieht sich das, was sein muß. Der Mensch aber – ich selbst oder ein mir Nahestehender – sitzt im Gefängnis; oder ich selbst oder ein mir Nahestehender hat im Kampf ein Bein eingebüßt, oder mich zerfleischen die Wölfe: die Tätigkeit, die auf die Flucht aus dem Gefängnis, auf die Heilung des Beines, auf die Abwehr der Wölfe gerichtet ist, wird mich nicht befriedigen, weil die Gefangenschaft im Gefängnis, der Schmerz des Beins und das Zerfleischen der Wölfe nur einen sehr geringen Teil meiner Leiden ausmacht. Ich sehe die Ursachen meines Leidens in der Vergangenheit, in meinen Verirrungen und den Verirrungen anderer Menschen, und wenn meine Tätigkeit nicht auf die Ursache meines Leidens, auf die Verirrung, gerichtet ist und ich mich nicht bemühe, mich von ihr zu befreien, so tue ich nicht das, was sein muß; und deshalb eben erscheint mir das Leiden als das, was nicht sein muß, und es wächst nicht nur in der Wirklichkeit, sondern auch in der Einbildung bis zu einem furchtbaren, die Möglichkeit des Lebens ausschließenden Maße.

Die Ursache des Leidens für das Tier ist die Übertretung des Gesetzes des tierischen Lebens; diese Übertretung äußert sich in dem Bewußtsein des Schmerzes und die durch die Übertretung des Gesetzes hervorgerufene Tätigkeit ist auf die Beseitigung des Schmerzes gerichtet; für das vernünftige Bewußtsein ist die Ursache des Leidens die Übertretung des Gesetzes des Lebens des vernünftigen Bewußtseins; die Übertretung dieses Gesetzes äußert sich in dem Bewußtsein der Verirrung, der Sünde, und durch die Übertretung des Gesetzes hervorgerufene Tätigkeit ist auf die Beseitigung der Verirrung, der Sünde, gerichtet. Und wie das Leiden des Tieres eine auf den Schmerz gerichtete Tätigkeit hervorruft und diese Tätigkeit das Leiden von seiner Pein befreit, so rufen auch die Leiden des vernünftigen Wesens eine auf die Verirrung gerichtete Tätigkeit hervor, und diese Tätigkeit befreit das Leiden von seiner Pein.

Die Fragen: warum? und wofür?, die in der Seele des Menschen bei Erleidung oder Einbildung des Leidens auftauchen, zeigen bloß, daß der Mensch diejenige Tätigkeit nicht erkannt hat, die durch das Leiden in ihm hervorgerufen werden muß und die das Leiden von seiner Pein befreit. Und in der Tat, für den Menschen, der sein Leben in seiner tierischen Existenz erblickt, kann es keine solche, das Leiden von der Pein befreiende Tätigkeit geben, und um so weniger, je enger er sein Leben auffaßt.

Wenn der Mensch, der seine persönliche Existenz als sein Leben anerkennt, die Ursachen seines persönlichen Leidens in seiner persönlichen Verirrung findet, wenn er begreift, daß er erkrankt ist, weil er etwas Schädliches gegessen hat, oder daß man ihn geschlagen hat, weil er selbst schlagen wollte, oder daß er hungrig ist und der Hunger daher kommt, daß er nicht arbeiten will, so erkennt er, daß er *dafür* leidet, *daß* er das getan hat, was er nicht sollte - und um künftig das nicht zu tun, richtet er seine Tätigkeit auf die Vernichtung der Verirrung, empört sich nicht gegen das Leiden, sondern trägt es leicht, oft sogar freudig. Wenn aber ein solcher Mensch von einem Leiden heimgesucht wird, das über die Grenzen des ihm sichtbaren Zusammenhangs zwischen Leiden und Verirrung hinausgeht, wie z. B. wenn er durch Ursachen leidet, die immer außerhalb seiner persönlichen Tätigkeit gelegen haben, oder wenn die Folgen seiner Leiden weder für ihn noch für irgend eine andere Persönlichkeit notwendig sein können – so meint er, daß ihm etwas zustößt, was nicht sein muß, und er fragt sich: warum? wofür? Und da er keinen Gegenstand findet, auf den er seine Tätigkeit richten könnte, empört er sich gegen das Leiden, und sein Leiden wird ihm zur entsetzlichen Qual. Die Mehrzahl der Leiden des Menschen aber sind namentlich solche, deren Ursachen oder deren Folgen, mitunter auch beide, ihm im Raum und in der Zeit verborgen bleiben; ererbte Krankheiten, unglückliche Zufälle, Mißernten, Schiffbrüche, Feuersbrünste, Erdbeben u. dergl., die mit dem Tod enden.

Die Erklärungen, daß das notwendig ist, um den zukünftigen Menschen als Lehre zu dienen, daß man sich nicht jenen Leidenschaften ergeben soll, die sich in Krankheiten der Nachkommenschaft äußern, oder daß man die Züge besser einrichten oder mit dem Feuer vorsichtiger umgehen müsse - alle diese Erklärungen geben mir gar keine Antwort. Ich kann die Bedeutung meines Lebens nicht in der Illustration der Verfehlungen anderer Menschen sehen; mein Leben ist mein Leben mit meinem Streben nach dem Glück, nicht aber die Illustration für das Leben anderer. Und diese Erklärungen taugen nur für die Unterhaltung und erleichtern nicht jene Furcht vor der Sinnlosigkeit der mir drohenden Leiden, welche die Möglichkeit des Lebens ausschließen.

Könnte man aber auch noch irgendwie begreifen, daß, wenn ich durch meine Verirrungen anderen Menschen Leiden verursache, ich durch mein Leiden die Verirrungen anderer trage; könnte man, wenn auch nur sehr entfernt, begreifen, daß jedes Leiden ein Hinweis auf eine Verirrung ist, die in diesem Leben von den Menschen gutgemacht werden muß, so bleibt doch noch eine ungeheure Reihe von Leiden, die durch nichts zu erklären sind. Ein Mensch ist allein im Wald von Wölfen zerfleischt worden, ein Mensch ist ertrunken, erfroren oder verbrannt oder ist einfach einsam erkrankt und gestorben, und niemand wird jemals etwas davon erfahren, wie er gelitten hat, und Tausende solcher Zufälle. Wem bringt das irgendwelchen Nutzen?

Für den Menschen, der sein Leben als tierische Existenz auffaßt, gibt es gar keine Erklärung und kann es keine geben, weil für einen solchen Menschen die Verbindung zwischen dem Leiden und der Verirrung nur in den ihm sichtbaren Erscheinungen besteht, diese Verbindung in den Todesqualen jedoch bereits vollständig seinem geistigen Blick entschwindet.

Der Mensch hat die Wahl zwischen zwei Dingen: entweder er fährt fort, indem er den Zusammenhang zwischen den Leiden, die er erduldet, und seinem Leben nicht sieht, die Mehrzahl seiner Leiden zu ertragen wie Qualen, die gar keinen Sinn haben - oder er erkennt an, daß seine Verirrungen und die aus ihnen hervorgehenden Handlungen – seine Sünden –, welcher Art sie auch sein mögen, die Ursache seiner Leiden sind, welcher Art sie auch sein mögen, und daß seine Leiden die Befreiung und Erlösung von seinen Sünden und den Sünden anderer Menschen sind, welcher Art sie auch sein mögen.

Möglich sind nur folgende zwei Beziehungen zum Leiden: die eine ist die, daß das Leiden das ist, was nicht sein muß, weil ich seine äußere Bedeutung nicht sehe, und die andere, daß es gerade das ist, was sein muß, weil ich seine innere Bedeutung für mein wahres Leben kenne. Die erste entspringt daraus, daß ich im Wohl meines besonderen persönlichen Lebens mein wahres Wohl erblicke. Die andere hat ihren Ursprung darin, daß das Wohl meines ganzen vergangenen und zukünftigen Lebens in unlösbarer Verbindung mit dem Wohl anderer Menschen und Wesen mir als das meinige gilt. Im ersten Fall finden die Leiden gar keine Erklärung und rufen gar keine andere Tätigkeit hervor, als die fortwährend wachsende und durch nichts zu beseitigende Verzweiflung und Erbitterung; im letzteren rufen die Leiden eben die Tätigkeit hervor, aus der gerade die Bewegung des wahren Lebens besteht – die Erkenntnis der Sünde, die Befreiung von Verirrungen und die Unterwerfung unter das Gesetz der Vernunft.

Wenn nicht die Vernunft, so veranlaßt die Qual der Leiden den Menschen wider Willen anzuerkennen, daß sein Leben nicht genügend Raum in seiner Person findet, daß seine Person bloß der sichtbare Teil seines ganzen Lebens ist, daß die äußere, ihm aus seiner Person sichtbare Verbindung zwischen Ursache und Wirkung nicht zusammenfällt mit jener inneren Verbindung der Ursache und Wirkung, die dem Menschen stets aus seinem vernünftigen Bewußtsein bekannt ist.

Die Verbindung der Verirrung und des Leidens, die für das Tier nur in räumlichen und zeitlichen Bedingungen sichtbar ist, ist für den Menschen immer klar außerhalb dieser Bedingungen – in seinem Bewußtsein. Das Leiden, welcher Art es auch sei, erkennt der Mensch immer als eine Folge seiner Sünde, welcher Art sie auch sei, und die Buße seiner Sünde als Befreiung vom Leiden und als Erlangung des Glücks.

Das ganze Leben des Menschen von den ersten Tagen der Kindheit an besteht ja nur in dem Sichbewußtwerden der Sünde unter dem Einfluß der Leiden und in der Befreiung seine Ichs von Verirrungen. Ich weiß, daß ich mit einer gewissen Kenntnis der Wahrheit in dieses Leben eingetreten bin, und daß, je mehr Verirrungen in mir waren, um so zahlreicher die Leiden wurden, für mich sowohl wie für andere Menschen; je mehr ich mich von Verirrungen befreite, um so weniger wurden die Leiden, für mich sowohl wie für andere Menschen, und um so größeres Glück habe ich erlangt. Und deshalb weiß ich: je größer jene Kenntnis der Wahrheit ist, die ich aus dieser Welt hinaustrage und die mir meine, wenn auch letzte Qual des Todes gibt, um so größeres Glück erlange ich.

Die Qual des Leidens erleidet nur der, der sich von dem Leben der Welt abgesondert hat und,ohne diejenigen seiner Sünden zu sehen, durch die er Leiden in die Welt gebracht hat, sich für unschuldig hält und sich deshalb gegen die Leiden empört, die er um der Sünden der Welt willen trägt.

Und merkwürdig, gerade das, was für die Vernunft gedanklich klar ist, gerade das bestätigt sich in der alleinigen wahren Tätigkeit des Lebens, in der Liebe. Die Vernunft sagt, daß der Mensch, der den Zusammenhang zwischen *seiner* Sünde und *seinen* Leiden und den Sünden und Leiden der Welt erkennt, von der Qual des Leidens befreit wird; die Liebe bestätigt dies durch die Tat.

Das halbe Leben eines jeden Menschen vergeht in Leiden, die er nicht nur nicht als qualvolle erkennt, sondern die er als sein Wohl ansieht, nur deshalb, weil sie als Folgen von Verirrungen und als Mittel zur Erleichterung der Leiden geliebter Menschen ertragen werden. Je weniger Liebe der Mensch hat, um so mehr ist er der Qual der Leiden ausgesetzt, je mehr Liebe er hat, um so weniger quälend ist das Leiden; ein vollkommen vernünftiges Leben aber, dessen ganze Tätigkeit sich nur in der Liebe offenbart, schließt die Möglichkeit jeglichen Leidens aus. Das Quälende des Leidens ist nur der Schmerz, den die Menschen empfinden bei den Versuchen, jene Liebeskette zu zerreißen, die das menschliche Leben mit dem der Vorfahren, der Nachkommen, der Zeitgenossen, mit dem Leben der Welt verbindet.

35

Die körperlichen Leiden bilden die notwendige Bedingung des Lebens und des Wohles der Menschen.

„Es gibt aber doch Schmerzen, körperliche Schmerzen. Wozu diese Schmerzen?" fragen die Menschen.

„Darum, weil das für uns nicht nur notwendig ist, sondern weil wir nicht leben könnten, ohne daß wir zuweilen Schmerz empfänden", würde uns der antworten, der gemacht hat, daß es uns schmerzt, und es so gemacht hat, daß es uns so wenig wie möglich schmerzt, das Wohl durch diesen „Schmerz" aber so groß gemacht hat wie nur möglich.

Wer weiß denn nicht, daß unsere allererste Schmerzempfindung das wichtigste Mittel sowohl zur Erhaltung unseres Körpers wie zur Fortdauer unseres tierischen Lebens ist, daß, wenn das nicht so wäre, wir als Kinder unseren ganzen Körper zum Zeitvertreib verbrennen und in Stücke schneiden würden. Der körperliche Schmerz schützt die tierische Person. Und solange der Schmerz zum Schutz der Person dient, wie dies beim Kind der Fall ist, kann dieser Schmerz nicht jene entsetzliche Qual sein, als welche wir den Schmerz in den Zeiten kennen lernen, wo wir uns in der vollen Kraft des vernünftigen Bewußtseins befinden und uns dem Schmerz widersetzen, indem wir ihn als etwas ansehen, das nicht sein muß. Der Schmerz im Tier und im Kind ist eine sehr bestimmte, aber geringfügige Größe, die sich nie zu jenem Grad der Qual steigert, wie sie ihn in einem mit einem vernünftigen Bewußtsein ausgestatteten Wesen erreicht. Beim Kind sehen wir, daß es über den Biß eines Flohs mitunter ebenso kläglich weint, wie über einen Schmerz, der die inneren Organe zerstört. Und der Schmerz eines unvernünftigen Wesens hinterläßt gar keine Spuren in der Erinnerung. Möge jeder versuchen, sich der erlittenen Schmerzen seiner Kindheit zu erinnern, und er wird sehen, daß er nicht nur keine Erinnerung an sie hat, sondern daß er nicht einmal imstande ist, sie in seiner Vorstellung wieder herzustellen.

Unser Eindruck bei dem Anblick der Leiden der Kinder und der Tiere ist für uns ein größeres Leiden, als das ihrige für sie. Die Äußerungen der Leiden unvernünftiger Wesen sind bedeutend größer als das Leiden selbst und erwecken deshalb in bedeutend größerem Maße unser Mitleid, wie man dies bei Erkrankungen des Gehirns, hitzigen Fiebern, beim Typhus und bei allen Agonien bemerken kann.

In den Zeiten, wo das vernünftige Bewußtsein noch nicht erwacht ist und der Schmerz bloß zum Schutz der Persönlichkeit dient, ist er nicht quälend, in den Zeiten aber, da im Menschen die Möglichkeit des vernünftigen Bewußtseins vorhanden ist, ist er ein Mittel zur Unterwerfung der tierischen Person unter die Vernunft und wird, je nach dem Maß des Erwachens dieses Bewußtseins, immer weniger quälend.

Eigentlich können wir nur dann von Leiden sprechen, wenn wir uns im vollen Besitz unseres vernünftigen Bewußtseins befinden, weil erst von diesem Zustand an das Leben und jene Zustände des Lebens beginnen, die wir Leiden nennen. In diesem Zustand aber kann die Empfindung des Schmerzes sich bis zu den weitesten Grenzen ausdehnen und sich bis auf das unbedeutendste Maß zusammenziehen. Das Studium der Physiologie lehrt uns, daß es für die Steigerung des Schmerzes eine Grenze gibt, über die hinaus Ohnmacht, Abstumpfung, Tod eintritt. Unsere Empfindlichkeit gegenüber dem Schmerz aber ist keine bestimmte Größe, sie kann durch unsere Beziehung zu ihm bis ins Unendliche gesteigert und ebenso bis ins Unendliche verringert werden.

Wir wissen alle, wie ein Mensch, wenn er sich dem Schmerz unterwirft, indem er ihn als etwas anerkennt, was sein muß, den Schmerz bis zur Unfühlbarkeit abmildern kann, ja sogar bis zur Empfindung von Freude im Ertragen von Schmerz. Gar nicht zu reden von den Märtyrern, von Hus, der auf dem Scheiterhaufen sang – selbst einfache Menschen ertragen, bloß aus dem Wunsch, ihren Mut zu zeigen, ohne Laut und ohne Zucken die als die qualvollsten bekannten Operationen. Es gibt eine Grenze für die Steigerung des Schmerzes; für die Verminderung seiner Empfindung aber gibt es keine Grenze.

Die Qualen des Schmerzes sind allerdings furchtbar für Menschen, die ihr Leben auf fleischliche Existenz gründen. Wie sollen sie aber auch nicht furchtbar sein, wenn jene Kraft der Vernunft, die dem Menschen gegeben ist zur Vernichtung der Qual des Leidens, nur darauf gerichtet ist, diese zu vergrößern.

Wie es bei Plato einen Mythos gibt, der erzählt, Gott habe anfangs für die Menschen 70 Jahre als Lebensfrist festgesetzt, dann aber, als er sah, daß es die Menschen dadurch schlechter hatten, habe er diese Frist auf das zurückgeführt, was sie jetzt ist, das heißt, er habe es so eingerichtet, daß die Menschen die Stunde ihres Todes nicht kennen – ganz ebenso könnte man sich einen Mythos denken, nach welchem die Menschen anfangs ohne Empfindung des Schmerzes geschaffen waren, später jedoch zu ihrem Wohl das eingerichtet wurde, was jetzt ist.

Wenn die Götter die Menschen ohne die Empfindung des Schmerzes geschaffen hätten, so hätten die Menschen sehr bald um diese Empfindung gebeten. Ohne Geburtswehen würden Frauen ihre Kinder unter Bedingungen gebären, bei denen vermutlich nur wenige Kinder am Leben blieben; ohne Schmerzempfindung würden Kinder und junge Leute ihren ganzen Körper verderben, und erwachsene Menschen würden weder die Verirrungen anderer Menschen, die früher gelebt haben oder jetzt leben, noch – was die Hauptsache ist – ihre eigenen Verirrungen je kennen; sie würden nicht wissen, was sie in diesem Leben zu tun haben, würden keinen vernünftigen Zweck ihrer Tätigkeit haben, würden sich nie mit dem Gedanken an den bevorstehenden leiblichen Tod aussöhnen können und würden keine Liebe besitzen.

Für den Menschen, der das Leben als die Unterwerfung seiner Persönlichkeit unter das Gesetz der Vernunft versteht, ist der Schmerz nicht nur kein Übel, sondern eine notwendige Bedingung seines tierischen, wie seines vernünftigen Lebens. Wäre nicht der Schmerz, so hätte die tierische Person keinen Hinweis auf die Abweichungen von ihrem Gesetz; würde das vernünftige Bewußtsein keine Leiden erfahren, so würde der Mensch nicht die Wahrheit erkennen, so würde er sein Gesetz nicht kennen.

Du sprichst, wird man sagen, von deinem persönlichen Leiden, wie aber kann man die Leiden anderer leugnen? Der Anblick dieser Leiden ist doch das qualvollste Leiden, werden die Menschen, nicht ganz aufrichtig, sagen.

Die Leiden anderer? Aber die Leiden anderer – das, was ihr Leiden nennt – haben nie aufgehört und hören nie auf. Die ganze Welt, Menschen und Tiere, leidet und hat nie aufgehört zu leiden. Haben wir das wirklich erst heute erfahren? Wunden, Verstümmelungen, Hunger, Kälte, Krankheiten, alle möglichen unglücklichen Zufälle und hauptsächlich

Geburten, ohne die wir alle nicht zur Welt gekommen wären, das alles sind ja notwendige Bedingungen des Daseins. Das ist ja eben das, was zu verringern und dem Abhilfe zu schaffen den Inhalt des vernünftigen Lebens der Menschen bildet, es ist eben das, worauf die wahre Tätigkeit des Lebens gerichtet ist. Das Verstehen der Leiden der Personen und der Ursachen der menschlichen Verirrungen, sowie die Tätigkeit zu ihrer Verminderung ist ja die ganze Aufgabe des menschlichen Lebens. Darum eben bin ich ja ein Mensch, eine Person, damit ich die Leiden anderer Personen verstehe; und darum bin ich ein vernünftiges Bewußtsein, damit ich im Leiden jeder besonderen Person die allgemeine Ursache des Leidens, die Verirrungen, sehen und sie in mir und in anderen vernichten kann. Wie kann denn das Material seiner Arbeit ein Leiden für den Arbeiter sein? Das wäre dasselbe, wie wenn der Landmann sagen wollte, das ungepflügte Land sei sein Leiden. Das ungepflügte Land kann nur für den ein Leiden sein, der den Acker gepflügt sehen möchte, es aber nicht für *seine* Lebensaufgabe hält, ihn zu pflügen.

Die Tätigkeit, die auf den unmittelbaren Liebesdienst den Leidenden gegenüber und auf die Vernichtung der allgemeinen Ursachen der Leiden, der Verirrungen, gerichtet ist, ist eben jene alleinige freudige Arbeit, die dem Menschen bevorsteht und ihm jenes unentreißbare Wohl gibt, in dem sein Leben besteht.

Es gibt nur *ein* Leiden für den Menschen, und das ist gerade dasjenige Leiden, das den Menschen, er mag wollen oder nicht, zwingt, sich jenem Leben hinzugeben, in dem allein es für ihn das wahre Wohl gibt.

Dieses Leiden ist das Bewußtsein des Widerspruchs, in dem meine Sündhaftigkeit und die Sündhaftigkeit der ganzen Welt sich befindet nicht nur mit der Möglichkeit, sondern mit der Verpflichtung der Verwirklichung der ganzen Wahrheit in meinem Leben sowie in dem Leben der ganzen Welt, nicht durch irgend jemanden, sondern durch mich selbst. Dieses Leiden kann ich nicht dadurch stillen, daß ich, obwohl an der Sünde der Welt beteiligt, meine eigene Sünde nicht sehe, noch weniger dadurch, daß ich aufhöre an die Pflicht zu glauben, nicht die eines anderen, sondern die Pflicht meiner selbst, die ganze Wahrheit in meinem Leben und in dem Leben der Welt zu verwirklichen. Das erster vergrößert nur meine Leiden, das zweite beraubt mich der Kraft des Lebens. Dieses Leiden wird nur durch das Bewußtsein und die Tätigkeit des wahren Lebens gestillt, die den Widerspruch zwischen dem persönlichen Leben und dem von den Menschen anerkannten Zweck aufheben. Der Mensch muß, ob er will oder nicht, anerkennen, daß sein Leben sich nicht auf seine Persönlichkeit von der Geburt bis zum Tod beschränkt und daß das ihm bewußt gewordene Ziel ein erreichbares ist, und daß in dem Streben nach ihm, in dem Sichbewußtwerden seiner immer größeren Sündhaftigkeit und in der immer größeren Verwirklichung der ganzen Wahrheit in seinem Leben und im Leben der Welt, die Aufgabe seines Lebens, das untrennbar ist vom Leben der ganzen Welt, besteht und bestanden hat und immer bestehen wird. Wenn nicht das vernünftige Bewußtsein, so wird das Leiden, das aus der irrigen Ansicht über den Sinn seines Lebens entspringt, den Menschen unwillkürlich auf den einzig wahren Pfad des Lebens hindrängen, auf dem es keine Hindernisse, kein Übel gibt, sondern nur das eine, das durch nichts zerstört werden kann, das nie begonnen hat und nie enden kann, das stets wachsende Glück.

Schluß

Das Leben des Menschen ist das Streben nach dem Glück, und das, wonach er strebt, ist ihm auch gegeben.

Das Übel in der Gestalt des Todes und der Leiden ist dem Menschen nur sichtbar, wenn er das Gesetz seiner leiblichen tierischen Existenz für das Gesetz seines Lebens hält. Nur wenn er, obwohl ein Mensch, auf die Stufe des Tieres hinabsteigt, nur dann sieht er den Tod und die Leiden. Der Tod und die Leiden stürmen von allen Seiten wie Schreckbilder auf ihn ein und treiben ihn auf den einzigen ihm offenstehenden Pfad des menschlichen Lebens, das dem Gesetz der Vernunft unterworfen ist und sich in der Liebe äußert. Der Tod und die Leiden sind nur die Verstöße des Menschen gegen die ihm gemäßen Gesetze. Für den Menschen, der nach seinem Gesetz lebt, gibt es keinen Tod und keine Leiden.

„Kommt her zu mir alle, die ihr mühselig und beladen seid, ich will euch erquicken."

„Nehmet auf euch mein Joch und lernet von mir; denn ich bin sanftmütig und von Herzen demütig; so werdet ihr Ruhe finden für eure Seelen."

„Denn mein Joch ist sanft, und meine Last ist leicht." (Ev. Matth. 11, 28 - 30.)

Das Leben des Menschen ist das Streben nach dem Glück. Wonach er strebt, das ist ihm auch gegeben: das Leben, das kein Tod sein kann, und das Glück, das kein Übel sein kann.

ANHANG

I

Man sagt gewöhnlich: wir erforschen das Leben nicht nach unserem Bewußtsein vom Leben, sondern überhaupt außer uns. Das heißt doch aber so viel, als wollte man sagen: wir betrachten die Gegenstände nicht mit den Augen, sondern überhaupt außer uns.

Die Gegenstände sehen wir außer uns, weil wir sie vor unseren Augen sehen, und das Leben kennen wir außer uns nur, weil wir es in uns kennen. Und wir sehen die Gegenstände nur so, wie wir sie vor unseren Augen sehen, und wir bestimmen das Leben außerhalb uns nur so, wie wir es in uns kennen. Wir kennen das Leben in uns als das Streben nach dem Glück. Und deshalb kann man, ohne das Leben als das Streben nach dem Glück zu bestimmen, das Leben nicht nur nicht beobachten, sondern auch nicht sehen.

Die erste und wesentliche Tat unserer Erkenntnis der lebenden Wesen besteht darin, daß wir viele verschiedene Gegenstände in den Begriff eines lebenden Wesens einschließen und dieses lebende Wesen aus allem anderen ausscheiden. Das eine wie das andere tun wir nur auf Grund der von uns allen gleichermaßen anerkannten Bestimmung des Lebens als des Strebens eines jeden nach seinem eigenen Glück als eines von der ganzen Welt abgesonderten Wesens.

Wir erkennen, daß ein Mensch zu Pferde nicht mehrere Wesen und nicht ein Wesen ist, nicht deshalb, weil wir alle Teile, die den Menschen und das Pferd bilden, beobachten, sondern weil wir weder im Kopf noch in den Füßen noch in anderen Teilen des Menschen und des Pferdes jenes abgesonderte Streben nach dem Glück sehen, das wir in uns kennen. Und wir erkennen, daß ein Mensch zu Pferde nicht *ein* Wesen ist, sondern daß es zwei Wesen sind, weil das Streben nach dem Glück in ihnen nicht ein und dasselbe, sondern für jedes ein anderes ist.

Nur dadurch erkennen wir, daß in der Verbindung des Reiters mit dem Pferd Leben ist, daß in der Pferdeherde Leben ist, daß Leben ist in den Vögeln, den Insekten, den Bäumen und dem Gras. Wenn wir aber nicht wüßten, daß das Pferd sein Wohl für sich und der Mensch das seine für sich wünscht, daß jedes einzelne Pferd in der Herde für sich das gleiche wünscht, daß jeder Vogel, jeder Käfer, jeder Baum, jedes Gras für sich dasselbe Wohl wünscht, würden wir keine Absonderung der Wesen sehen, und wenn wir keine Absonderung der Wesen sehen würden, so würden wir auch nie etwas Lebendes verstehen können: ein Kavallerieregiment, eine Schar Vögel, Insekten und eine Gruppe Pflanzen – alles würde sein wie die

Wogen des Meeres, und die ganze Welt würde für uns in eine gleichförmige Bewegung zusammenfließen, in der wir durchaus kein Leben zu finden vermöchten.

Wenn ich weiß, daß das Pferd und der Hund und die auf ihm sitzende Laus lebende Wesen sind und ich sie beobachten kann, so ist das bloß deshalb so, weil das Pferd und der Hund und die Laus ihre besonderen Ziele haben – Ziele ein jedes zu seinem Wohl. Ich weiß dies aber deshalb, weil ich mich selbst als einen solchen nach dem Wohl Strebenden kenne.

In diesem Streben nach dem Wohl besteht auch die Grundlage jeglicher Erkenntnis des Lebens. Ohne das Eingeständnis dessen, daß das Streben nach dem Wohl, das der Mensch in sich fühlt, das Leben und das Merkmal jeglichen Lebens ist, ist keinerlei Erforschung des Lebens möglich, keinerlei Beobachtung des Lebens möglich. Und darum beginnt die Beobachtung dann, wenn das Leben bereits bekannt ist, und keine Beobachtung der Kundgebungen des Lebens kann (wie das die falsche Wissenschaft annimmt) das Leben selbst bestimmen.

Die Menschen erkennen die Bestimmung des Lebens in dem Streben nach dem Wohl, das sie in ihrem Bewußtsein finden, nicht an; sie erkennen aber die Möglichkeit dieses Strebens in der Laus an; und auf Grund dieser Vermutung und dieser auf nichts gegründeten Erkenntnis jenes Wohles, nach dem die Laus strebt, stellen sie Beobachtungen an und ziehen sogar Schlüsse über das Grundwesen des Lebens.

Jede Vorstellung, die ich von dem äußeren Leben habe, gründet sich auf das Bewußtsein meines Strebens nach dem Wohl. Und darum werde ich nur dann imstande sein das zu erkennen, was das Wohl und das Leben anderer Wesen ist, wenn ich erkannt haben werde, worin mein Glück und mein Leben liegt. Das Wohl und das Leben anderer Wesen aber zu erkennen, ohne das meine erkannt zu haben, ist ganz unmöglich.

Die Beobachtungen anderer Wesen, die nach ihren mir unbekannten Zielen streben, die ein ähnliches Wohl bilden wie das, dessen Erstreben ich in mir kenne, können mir nicht nur nichts erklären, sondern können ganz sicher meine wahre Erkenntnis des Lebens vor mir verbergen.

Das Leben in anderen Wesen erforschen, ohne eine Bestimmung seines eigenen Lebens zu haben, ist so viel, wie einen Kreis beschreiben, ohne sein Zentrum zu haben. Nur nachdem man einen unerschütterlichen Punkt als Zentrum festgestellt hat, kann man den Kreis beschreiben. Was wir aber auch für Figuren zeichnen wollten, ohne Zentrum wird es keinen Kreis geben.

II

Die falsche Wissenschaft verdreht, indem sie die Begleiterscheinungen des Lebens erforscht mit der Behauptung, das Leben selbst zu erforschen, eben durch diese Behauptung den Begriff des Lebens; und darum entfernt sie sich, je weiter sie die Erscheinungen dessen erforscht, was sie das Leben nennt, um so mehr vom Begriff des Lebens, den sie erforschen will.

Erst werden die Säugetiere, dann andere, nämlich Wirbeltiere, Fische, Pflanzen, Korallen, Einzeller, Mikroskopische Organismen zum Gegenstand der Untersuchung gemacht, und man gelangt dahin, den Unterschied zwischen dem Lebenden und Nichtlebenden, die Grenzen zwischen Organischem und Unorganischem, zwischen einem Organismus und einem anderen zu verwischen. Man gelangt dazu, daß sich das als wichtigster Gegenstand der Untersuchung darstellt, was gar nicht mehr beobachtet werden kann. Das Geheimnis des Lebens und die Erklärung aller Dinge stellt sich dar in Kommabazillen, die nicht mehr sichtbar sind, vielmehr nur vermutet, heute entdeckt und morgen vergessen werden. Die Erklärung aller Dinge wird in jenen Wesen vorausgesetzt, die in den mikroskopischen Wesen enthalten sind, und in denen, die wiederum in diesen . . . enthalten sind, u.s.w. bis zur Unendlichkeit, als ob die unendliche Teilung des Kleinen nicht eine ebensolche Unendlichkeit wäre wie die

Unendlichkeit des Großen. Das Geheimnis wird dann offenbar werden, wenn die ganze Unendlichkeit des Kleinen bis ans Ende durchforscht sein wird, d. h. niemals. Und die Menschen sehen nicht, daß die Gewißheit darüber, daß die Frage nur in dem unendlich Kleinen ihre Lösung erhält, der unzweifelhafte Beweis dafür ist, daß die Frage falsch gestellt war. Und dieses letzte Stadium der Sinnlosigkeit – das ganz klar die völlige Verrücktheit der Forschungen zeigt – eben dieses Stadium gilt als ein Triumph der Wissenschaft; die letzte Stufe der Blindheit erscheint als die höchste Stufe der Sehkraft. Die Menschen sind in eine Sackgasse geraten und haben dadurch vor sich selbst die Lüge des Weges, auf dem sie gingen, aufgedeckt; und da kennt ihre Begeisterung keine Grenze. Man muß das Mikroskop nur noch ein wenig verstärken, und wir werden den Übergang aus dem Unorganischen ins Organische und aus dem Organischen in das Psychische begreifen, und das ganze Geheimnis des Lebens wird uns offenbar werden. Die Menschen haben, indem sie die Schatten anstatt der Gegenstände erforschten, ganz den Gegenstand vergessen, dessen Schatten sie erforschen, und haben sich immer länger und länger in den Schatten vertieft, sind bis zur vollständigen Finsternis gelangt und freuen sich darüber, daß der Schatten so dicht ist.

Die Bedeutung des Lebens ist im Bewußtsein des Menschen offenbar als das Streben nach dem Wohl. Die Erklärung dieses Wohls, die immer genauere Bestimmung desselben bildet den Hauptzweck und die Hauptarbeit des Lebens der ganzen Menschheit, und nun, weil diese Arbeit mühsam ist, d. h. weil sie keine Spielerei, sondern Arbeit ist, kommen die Menschen zu dem Schluß, daß die Bestimmung dieses Wohls nicht da gefunden werden kann, wo sie hineingelegt ist, d. i. im vernünftigen Bewußtsein des Menschen, und daß man sie deshalb überall suchen muß, nur nicht da, wo sie angezeigt ist.

Dies gleicht dem, was ein Mensch tun würde, dem man auf einem Zettel eine genaue Angabe dessen gegeben hätte, was er braucht, und der, da er nicht zu lesen versteht, den Zettel wegwerfen und alle ihm Begegnenden fragen würde, ob sie nicht wüßten, was er braucht. Die Menschen suchen überall die Bestimmung des Lebens, die mit unauslöschlichen Buchstaben, nämlich in ihrem Streben nach dem Glück, ihrer Seele eingeprägt ist, nur nicht in ihrem Bewußtsein selbst. Das ist um so sonderbarer, als die ganze Menschheit in der Gestalt ihrer weisesten Vertreter, angefangen von dem griechischen Ausspruch „Erkenne dich selbst", stets das vollkommene Gegenteil davon gesagt hat und zu sagen fortfährt. Alle religiösen Lehren sind nichts anderes, als Bestimmungen des Lebens als des Strebens nach dem wirklichen, untrüglichen, für den Menschen erreichbaren Glück.

III

Immer deutlicher vernimmt der Mensch die Stimme der Vernunft; öfter und öfter lauscht der Mensch dieser Stimme, und die Zeit kommt, ja, sie ist schon da, wo diese Stimme stärker wird als die Stimme, die zum persönlichen Wohl und zur trügerischen Pflicht ruft. Einerseits wird es immer klarer, daß das Leben der Person mit seinen Lockungen kein Glück geben kann, andererseits, daß jener alte Betrug, der den Glauben fordert an das, was keine vernünftige Erklärung besitzt, bereits abgenutzt ist und man nicht zu ihm zurückkehren kann.

Früher sagte man: klügele nicht, sondern glaube an die Pflicht, die wir vorschreiben. Die Vernunft wird dich betrügen. Nur der Glaube wird dir das wahre Wohl des Lebens eröffnen. Und der Mensch bemühte sich zu glauben und glaubte; aber der Verkehr mit den Menschen zeigte ihm, daß andere Menschen an etwas ganz anderes glauben und behaupten, daß dieses andere dem Menschen das höchste Glück gebe. Es ist unvermeidlich geworden, die Frage zu lösen, welcher Glaube, von den vielen, der richtige sei; entscheiden kann dies aber bloß die Vernunft.

Der Mensch erkennt auch stets alles durch die Vernunft und nicht durch den Glauben. Man konnte betrügen, indem man behauptete, daß er durch den Glauben erkenne und nicht durch die Vernunft; sobald aber der Mensch zweierlei

Glauben kennt und Menschen sieht, die sich zu einem anderen Glauben ebenso bekennen, wie er zu dem seinigen, ist er vor die unvermeidliche Notwendigkeit gestellt, die Frage durch die Vernunft zu lösen. Wenn der Buddhist, der den Mohamedanismus kennen gelernt hat, Buddhist bleibt, so bleibt er Buddhist nicht mehr dem Glauben, sondern der Vernunft nach. Sobald ein anderer Glaube an ihn herangetreten ist und die Frage, ob er seinen oder den ihm vorgeschlagenen Glauben verwerfen soll, wird die Frage unumgänglich durch die Vernunft entschieden. Und wenn er den Mohamedanismus kennen gelernt hat und Buddhist geblieben ist, so stützt sich der frühere blinde Glaube an Buddha nun auf vernünftige Grundlagen.

Der Versuch, in unserer Zeit dem Menschen geistigen Inhalt einzuflößen nur durch den Glauben unter Umgehung der Vernunft, gleicht dem Versuch, einen Menschen unter Umgehung seines Mundes zu ernähren.

Der Verkehr der Menschen hat ihnen jene allen gemeinsame Grundlage der Erkenntnis gezeigt, und die Menschen können nicht mehr zu den früheren Verirrungen zurückkehren – und es kommt eine Zeit, und sie ist schon gekommen, da die Toten die Stimme des Gottessohnes hören; und die sie hören werden, die werden leben.

Diese Stimme läßt sich nicht ersticken, denn diese Stimme ist nicht die einzelne Stimme irgendjemandes, sie ist die Stimme des ganzen vernünftigen

Bewußtseins der Menschheit, die sich sowohl in jedem einzelnen Menschen, als auch in den besten Vertretern der Menschheit und jetzt schon in der Mehrzahl der Menschen kundgibt.

NACHWORT

Wenn man nach den Quellen fragt, die Tolstoi in seinem Buch „Das Leben“ verwendet hat, dann lassen sich nur wenige Titel finden. Zitate aus dem Evangelium und aus philosophischen Schriften gibt es nur sporadisch. Allenfalls könnte man noch die Lektüre der Bücher des Kritikers und Philosophen Nikolaj Nikolajevič Strachov und Immanuel Kants anführen, sowie auf die Gespräche mit Nikolaj Jakovlevič Grot, dem Vorsitzenden der Moskauer Psychologischen Gesellschaft und Vladimir Grigorevič Čertkov, dem Freund und Schüler Tolstois, verweisen. A.I. Nikiforov vertritt die Auffassung, daß man das Buch „Über das Leben“, nachdem man seine Entstehungsgeschichte studiert hat, als ganz originales Werk betrachten kann. Diese Entstehungsgeschichte wollen wir im folgenden kurz skizzieren und folgen dabei den Ausführungen A. I. Nikiforovs in: L. N. Tolstoi. Polnoe sobranie sočinenij, pod obščej redakciej V.G. Čertkova. Serija l. Proizvedenija: Tom 26, Moskva 1936

Wie viele der nicht künstlerischen Schriften Tolstois entsprang „Das Leben“ nicht einer bestimmten, genau formulierten Absicht, sondern sie war durch verschiedene Ereignisse motiviert, wuchs aus Tolstois eigenem Leben heraus.

Die ersten Hinweise auf eine neue Arbeit Tolstois finden wir in einem Brief N. N. Strachovs an Tolstoi vom Sommer 1886: „Was für eine Freude, daß Sie an etwas Neuem arbeiten !...“ Der erste konkrete Kern für „Das Leben“ ist in einem Antwortschreiben Tolstois auf einen Brief der Anna Konstantinovna Diterichs zu finden, die übrigens im Herbst 1886 die Ehefrau Čertkovs wurde. Der äußere Anlaß für diesen Briefwechsel war eine ernste Krankheit Tolstois: Er hatte sich bei der Heuernte am Bein verletzt. Dies führte zu so schweren Komplikationen, daß man schließlich um sein Leben fürchten mußte. Tolstoi beginnt intensiv über Leben und Tod nachzudenken. Diese Gedanken finden ihren ersten schriftlichen Ausdruck in dem erwähnten Brief an A. K. Diterichs.

Zum Brief Anna Konstantinovnas schreibt Tolstoi folgendes an Čertkov: „... Von Anna Konstantinovna erhielt ich vor längerer Zeit einen langen, guten Brief. Und anstatt ihn kurz zu beantworten, begann ich, Punkt für Punkt auf alle ihre Gedanken einzugehen. Dies deshalb, weil sie sich mit dem Thema Leben und Tod befaßte, mit Fragen also, über die ich sehr viel von neuem nachgedacht habe, über die ich noch immer nachdenke und schreibe ...“ Als Anna Konstantinovna von der Existenz solcher Briefskizzen erfahren hatte, bat sie darum, ihr diese Bruchstücke auch ohne Rücksicht auf Vollendung zuzustellen. So wurden diese „Punkt für Punkt“ Notizen der Empfängerin nach und nach zugeleitet, der Brief selbst aber wurde niemals fertig. Dies hing damit zusammen, daß mittlerweile auch andere Leute von Tolstois Beschäftigung mit diesem Thema erfahren hatten, und Tolstoi selbst an eine Veröffentlichung gedacht haben dürfte, was eine andere Textform empfehlenswert erscheinen ließ. So hatte der Redakteur des „Russkoe Bogatstvo", L.E. Obolenskij, Gelegenheit, einen der Textabschnitte zu lesen und er tritt an Tolstoi mit der Bitte heran, einiges davon in seiner Zeitschrift veröffentlichen zu dürfen. In seinem Brief erwähnt er auch, was ihm an dem Textstück so besonders gefallen hat: „... Aber vielleicht möchten Sie einige Änderungen anbringen, oder Zusätze. In diesem Absatz ist bewundernswert formuliert, daß es eine unausweichliche Bedingung des Lebens sei, sein persönliches Leben im Dienste des gemeinschaftlichen Lebens aufgehen zu lassen".

Tolstoi verspricht, den Text fertig zu schreiben, und ihn ihm dann zu schicken.

Am 11.11.1886 stirbt Tolstois Schwiegermutter. Dieses Ereignis beeinflußt Tolstois Arbeit nachhaltig und aus einem Brief an Čertkov erfahren wir, daß er die bisher geschriebenen Texte umgearbeitet hat.

Im Januar 1887 korrespondiert Tolstoi mit Čertkov, der sich in Petersburg befindet, über die Kopien des Textes, der jetzt bereits als „Artikel" (stat'ja) bezeichnet wird. Čertkov schreibt am 2.1.87: „... Ihren Artikel über Leben und Tod schreiben wir aufmerksam ab und hoffen, ihn ihnen dieser Tage zusenden zu können". Nicht ohne Selbstironie antwortet Tolstoi am 23.1.: „... Für die Abschrift meines metaphysischen Unsinns bin ich sehr, sehr dankbar". Daß Tolstoi mit Čertkov auch über den Inhalt diskutiert, erfahren wir, wenn er von Čertkov darum gebeten wird, doch zu berücksichtigen, worüber man gesprochen habe, nämlich auf die „3 konstitutiven Teile des Menschen: Leib - Gattung - ewige Seite", einzugehen.

Daß es bei der Arbeit Tolstois jetzt nicht mehr um einen Brief geht, wird aus einer Mitteilung an Isaak B. Fajnermann deutlich. Ebenfalls im Januar heißt es da: „...ich schreibe eine allgemeine Erörterung über Leben und Tod, die mir notwendig scheint...."

Im Januar 87 werden die Skizzen wieder neu bearbeitet, es wird u.a. ein Schlußteil geschrieben mit besonderer Hervorhebung des Themas Tod, und eine besondere Einschiebung auf einem eigenen Blatt befaßt sich mit der völligen Übereinstimmung der Lebensprozesse beim menschlichen, dem tierischen und pflanzlichen Leben.

Im Februar und März erhält die Arbeit neue Intensität durch die Begegnung mit N.J. Grot, einem Philosophieprofessor, mit dem Tolstoi schon früher bekannt geworden war, der aber im Herbst 1886 in Moskau mit seiner Lehrtätigkeit begonnen hatte. Von Grot eingeladen, nimmt Tolstoi immer wieder an den Veranstaltungen der Psychologischen Gesellschaft teil und am 9. März teilt Grot seinen Eltern brieflich mit: ...Am Freitag wird er (Tolstoi) in der Psychologischen Gesellschaft als Ergänzung zu meinem eigenen ein kleines Referat lesen - „Das Verständnis des Lebens" - und wir denken daran, danach beide Referate zusammen zu drucken...".

Tolstois Ehefrau Sof'ja berichtet in ihrem Tagebuch von den Vorbereitungen für diese Lesung, die dann am 14.3. stattfindet. Sie charakterisiert den Text so: „Der Artikel ist gut und ohne Hitzigkeit, untendenziös, rein philosophisch". Von Grot erfahren wir (Brief v. 16. März), daß sich Tolstoi sehr aufgeregt habe vor dem Vortrag, sich mit Grot des öfteren beraten habe und sogar zögerte, überhaupt aufzutreten.

Einen Eindruck von der Wirkung dieser Veranstaltung mit Tolstoi gewinnen wir aus Presseberichten: In den „Russkie Vedomosti" war zu lesen (Nr. 73, 16.3.87): „Zu dieser Versammlung kamen etwa 70 Mitglieder der Gesellschaft zusammen, mehr als je zuvor, angezogen offensichtlich durch den Vortrag des Grafen Tolstoi". Die Zeitungen „Russkie Vedomosti" und Novoe Vremja" veröffentlichten die vollständige stenographische Mitschrift des Vortrages. (Bei den Russkie Vedomosti erschien er als Sonderfeuilleton unter dem Titel „Der Begriff des Lebens".)

Für den Inhalt seines Buches waren diese Konferenzen sicherlich deshalb von Bedeutung, weil sie Tolstoi auf den Gedanken brachten, einen besonderen Artikel zu schreiben, der gegen die Wissenschaft und die Gelehrten polemisiert. Aus diesem Artikel wurde schließlich die Einleitung zum Text des Buches.

Mit Ende März arbeitet Tolstoi inzwischen 2 Monate lang an seinem neuen Manuskript. Das Ziel seiner Arbeit beschreibt er in einem Brief an N.L. Ozmidov (24. 3. 87): „...bin ich jetzt damit beschäftigt, darüber zu schreiben, was das Leben sei. Ich möchte, und hoffe, daß es mir gelingt, sehr einfach und klar zum Ausdruck zu bringen, daß das Leben überhaupt nicht jenes Durcheinander und jene Mühsal ist, die wir uns unter diesem Wort vorstellen, sondern etwas sehr einfaches, klares, leichtes und immer erfreuliches".

Ende März treffen Tolstoi wieder Todesfälle guter Bekannter, die ihm sehr nahe gehen. So stirbt die Frau seines Freundes, des Gouverneurs Perfilev und der Maler I.N. Kramskoj.

Schließlich spricht Tolstoi davon, daß sich seine Arbeit dem Ende nähere (Brief an Čertkov v. 2. 4. 87). Tatsächlich aber können wir eine neue Arbeitswelle beobachten. Im Gespräch mit seiner Frau und mit Čertkov wird Tolstois intensives Ringen um eine angemessene sprachliche Form deutlich: Er schreibt an seine Frau (Anfang April): „Gestern früh habe ich sehr viel gearbeitet, habe ein ganz neues Kapitel geschrieben: „Über das Leiden, den Schmerz... Ich habe alles durchgeschaut und von Anfang an verbessert. Wie gern ich doch alles ins Russische übersetzen wollte... Und wie dann alles einfacher und klar wird. Aus dem Gespräch mit den Professoren erwächst Wortgeklingel, umständlicher Ausdruck und Unklarheit, aus dem Gespräch mit Bauern aber Konzentration, Schönheit der Sprache und Klarheit".

Čertkov schreibt zu dieser Frage: „Ich fürchte nur eines, daß Sie nämlich schreiben könnten, indem Sie nur ein gebildetes Milieu im Auge haben. Wenn Sie das nach alter Gewohnheit machten, wäre es sehr schade... Alles was die Leute brauchen, erhält seinen Ausdruck in allgemein zugänglicher Form".

Tolstoi antwortet darauf: „Ich bin sehr mit meiner Arbeit beschäftigt. Ihr Rat ist, wie immer gut. Man muß ins Russische übersetzen. Ich habe damit begonnen, als ich mich auf dem Lande aufhielt und keine Professoren vor mir hatte, sondern Menschen". Obwohl Tolstoi bereits Ende April glaubte, fertig zu werden, zieht sich die Arbeit am Manuskript noch bis August hin. Tolstoi, danach gefragt, wie es mit dem Text stehe, verweist immer darauf, wie wichtig ihm das Thema sei und wie sehr ihm daran liege, es so gut wie möglich darzustellen (Brief v. 2. 5.)

Im Juni schreibt er an Fajnermann: „...Ich bin immer noch an meiner Arbeit „Über das Leben und den Tod". Ich kann mich nicht losreißen, bin noch nicht fertig. Ich lebe aus dieser Arbeit. Ich weiß nicht, ob ich etwas falsch mache, aber ich kann mich nicht losreißen".

Im Juli schließlich ist man so weit, die letzte Abschrift des Manuskriptes anzufertigen. Einen lebendigen Eindruck von dieser Arbeit und auch von Tolstois Arbeitsweise vermittelt ein Bericht der Hofdame A. A. Tolstaia, einer Tante Tolstois, die damals gerade in Jasnaja Poljana zu Gast war: „Lev, der viel zu tun hatte für die Sendung nach Moskau, bat mich und andere ihm bei dieser Sache behilflich zu sein. Man setzte uns paarweise an einzelne Stühle, jede Dame mit einem Kavalier; wir waren sechs solcher Paare. Zu mir gesellte sich A. M. Kuzminskij, und wir saßen alleine im kleinen Gästezimmer, die anderen aber alle im großen Saal. Er diktierte, und ich schrieb. Völlig unerwartet tauchten derartig ungelenke Phrasen auf, daß ich unwillkürlich an die „unwegsamen Sümpfe" dachte, wie sich Turgenev einmal über Tolstoi ausdrückte, und ich konnte mich weder dazu entschließen, den Sumpf zu druchschreiten, noch zu diesem Zeitpunkt den Text zum Druck zu geben. Obwohl Kuzminskij meiner Meinung war, hielt er es für unmöglich, daß ein gewöhnlicher Sterblicher Tolstoi verbessere. Ich allerdings beharrte auf meiner Ansicht. Zu diesem Zeitpunkt kam Lev, der durch die Zimmer von einem Tisch zum anderen ging, auch zu uns.

- Savez vous, mon cher, que je viens de corriger votre prose au grand scandale de votre beau frére, -sagte ich.

- Et vous avez parfaitement raison, je ne tiens qu'a l'idée et ne fais aucune attention á mon style-antwortete mir Lev Nikolaevič". Als Datum des Abschlusses der Arbeiten setzt Tolstoi eigenhändig den 3. August auf das Manuskript. Zuletzt hat er noch den Titel geändert. Darüber schreibt er an Čertkov: „...Begonnen hatte ich damit, über Leben und den Tod zu schreiben, aber als ich zu Ende geschrieben hatte, zeigte es sich, daß man den 2.Teil der Überschrift weglassen sollte, wenigstens für mich dieses Wort ganz und gar jene Bedeutung verloren hatte, die ich ihr in der Überschrift beigelegt hatte ...

Noch am 3. August wird das Buch nach Moskau gebracht zu der mit dem Druck beauftragten Typographie Marmont und die ersten Korrekturbögen sind bereits mit dem 8. August datiert. So beginnt der Druck also unmittelbar nach Vollendung des Buches. Die Korrekturarbeiten dauern bis zum November. Schon im September äußert Tolstoi die Befürchtung, daß der Text die Zensur nicht würde passieren können. (Brief an Fajnermann).

Am 10. 11. schreibt er Strachov: „Das Leben" wird gedruckt. ... In der kommenden Woche muß alles beisammen sein und zum Monatsende wahrscheinlich gilt es die Frage für die Zensur zu lösen: verbrennen oder nicht. Es wäre traurig - ich habe die Kühnheit zu glauben, daß das Buch für viele ein Trost und eine Stütze sein wird".

Die Befürchtungen wegen der Zensur erweisen sich als durchaus begründet. Ganze drei Monate läßt sich die Behörde Zeit, nachdem das Buch Ende Januar eingereicht worden war. Die Entschließung kommt am 5. April: „Nachdem es

(d. i. das Moskauer Zensurkomitee) die Schrift durchgesehen hatte, leitete es diese dem Hl. Synod (d. i. das oberste Verwaltungsorgan der Russischen Orthodoxen Kirche) zu, indem es in seiner Entschließung Nr. 126 v. 25. 1. 1888 erklärte, daß Tolstoi in diesem Buch als Richtschnur nicht das Wort Gottes darstelle, sondern einzig und ausschließlich den menschlichen Verstand, daß dieses Buch den Zweifel an den Dogmen fördert und die Liebe zum Vaterland tadelt, und es deshalb aufgrund der ... Zensurverordnung dem unbedingten Verbot unterliegt". Am 5. April 1888 „hörte" der Hl. Synod und, nachdem er dem Befund des Zensurkomitees zugestimmt hat, befiehlt er zu „verbieten" und die Druckerei zu verpflichten, dem Archiv des Komitees alle 600 Exemplare auszuhändigen.

Ein Mitglied des Hl. Synod, der Erzbischof von Cherson, Nikanor, erläutert in einem persönlichen Brief an N.J. Grot, der übrigens intensiv beim Korrekturlesen behilflich war, diese Entscheidung: „Ich las Tolstois „Leben" beim Hl. Synod, habe jedoch nicht zu Ende gelesen. Es ist klug, wirklich, feinsinnig, gewandt, ich möchte sogar sagen, manchmal tiefsinnig. Aber all das ist ein Gespinst dichtester Fäden von Sophismen. ... Man konnte die Verurteilung des „Lebens" durch das Komitee nur bestätigen..."

Es bleibt dem Autor nun nichts anderes übrig, als das Buch durch Abschriften, illegalen Druck und Druck im Ausland zu verbreiten. So denkt

Tolstoi an Übersetzungen im Ausland. Die Übertragung ins Französische hatte Sof'ja A. Tolstaja schon im Nov. 1887 begonnen. Sie erscheint 1889: Comte Léon Tolstoi: De la vie, seule traduction revue et corrigée par l'auteur. C. Marpon et E. Flammarion. Ins Englische wird der Text von Isabel F. Hapgood übersetzt, die Ausgabe erscheint 1888. Ins Deutsche wurde das Buch außer von R. Löwenfeld auch von A. Berger (Berlin 1891) und von Behr (Leipzig s. a.) übersetzt.

Die von der Zensur verbotene Ausgabe ist die einzige vollständige Edition, die unter unmittelbarer Aufsicht des Autors zustande kam, sie erschien 1888 unter dem Titel: „Sobranie sočinenija grafa L.N.Tolstogo. Čast' trinadcataja. „O žizni" Moskva 1888. Tipografija A.I. Mamontova i K. Man weiß heute nur von 3 erhaltenen Exemplaren.

Die erste vollständige ausländische Ausgabe in russischer Sprache erschien in Genf bei Elpidine, 1891.

Die wichtigste und wohl zuverlässigste Ausgabe wurde die von Čertkov redigierte von 1903: Polnoe sobranie sočinenij zapreščennych v Rossii L. N. Tolstogo. Tom IX. O žizni. izd. Svobodnoe slovo, no. 70, Christchurch, Hauts., England.